KB262559

헤르만 헤세의 시와 그림

초판 인쇄   2013년 3월 10일
초판 발행   2013년 3월 20일

편저자   장성욱
발행인   서덕일

펴낸곳   문예림
　　　　주소   서울 광진구 군자동 1-13호 문예하우스 101호
　　　　전화   02-499-1281
　　　　팩스   02-499-1283
　　　　홈페이지   www.bookmoon.co.kr
　　　　이메일   book1281@hanmail.net

출판등록   1962년 7월 12일
등록번호   제2-110호

ISBN : 978-89-7482-729-8 (13790)

장성욱 편저

헤르만 헤세의 시와 그림

장성욱 편저

머리말

　위대한 작가 헤르만 헤세는 그림도 잘 그렸다. 아니! 오래 그리다보니 잘 그리게 되었다. 제 1차 세계 대전 무렵, 독일이 군국주의와 전체주의로 광란에 휩싸였을 때 조국을 비판한 소수의 지식인들 중 한 사람이었던 헤세는 시대적 상황과 개인적 불행 때문에 정신병을 앓았다. 의사의 권고로 그림 그리기를 시작하고 스위스로 망명해서 안정을 찾고 나서야 비로소 정상으로 돌아올 수 있었다. 그림 그리기는 치유 수단이었고 내면의 대변수단이었다. 헤세는 글과 그림을 통하여 세상과 화해했고 행복을 되찾았다.

　헤세의 그림을 보면 그가 얼마나 맑은 영혼의 따뜻한 사람인지 잘 알 수 있다. 헤세의 시, 그림, 그림 분석을 통하여 헤세의 세계로 들어가 보자!

　이 책은 글과 그림, 시와 그림, 문학과 미술 등 두 장르의 상호보존적인 연구를 위한 책이다. 대학생, 대학원생, 일반인 등 텍스트와 이미지에 관한 심도 깊은 연구를 하는 사람들을 위해 만들어졌다.

2013년 3월
또 한해를 보내고 맞으며!
계사년 부산에서...

헤르만 헤세

그림 그리기는 나에게 시 쓰기와 거의 똑같은 일이며 종종 그 이상의 의미를 갖습니다. 왜냐하면 내가 추구하는 유일한 영혼의 상태는 사욕이 없는 내적 공감과 몰두의 상태이기 때문입니다. 그런 상태가 진정한 예술의 경지이다. 내가 그림을 그리면 여러 시간 동안 그 상태에 도달해 있다. 거기에서 신의 왕국이 시작되며 모든 것은 그 분의 것이다.

-1917년 7월 4일 한스 아부리에게 보낸 편지

내 그림과 문학 사이에는 아무런 불화도 존재하지 않는다는 것을, 그림에서도 자연주의적 진리가 아니라 시적 진리를 다루고 있다는 것을 여러분은 보게 될 것입니다.

-1920년 1월 13일
바젤의 일간지 '나치오날 차이퉁'에 기고한 편지

펜과 붓으로 무엇을 만들어내는 것은 포도주 만드는 것과 같다. 그런 일에 몰두하면 너무 멋지고 푸근해져서 삶을 견딜 수 있게 된다.

-1920년 12월 21일 프란츠 카를 긴즈카이에게 보낸 편지

차례

제4부

▲ 헤세의 생가

▲ 4살 때의 헤세
유치원 선생님과 벌써 의견 충돌
을 할 정도로 자아가 강했다.

▲ 헤세의 부모

▲ 가족들

▲ 아내 니논 돌핀 여사와

▲ 헤세가 살았던 집
진구인 보드머가 지어서 헤세가 평생 동안 살게했다.

▲ 몬타뇰라 지도
독일에서 망명하여 이 곳에서 행복했다.

가장 행복한 시간들

▲ 호젓한 정원에서 구수한 낙엽 태우기

▲ 기쁜 마음으로 즐거운 그림 그리기

호수에 배를 뛰우고 그 안에 드러누워 물의 출렁거림에 몸을 맡길 때, 정원 일을 할 때, 그림 그릴 때 헤세는 가장 행복했다. 또 흘러가는 구름보기를 좋아했고, 구름과 많은 교감을했다. 모두 돈이 거의 들지않는 일이다. 헤세는 자연 속에 있는 것만으로도 행복했다. 종교인들의 탐욕도 자주 보이는 세상에서, 헤세는 웬만한 종교인 보다 더 소박하고 순수하게 살았다. 전생에 러시아의 수도사였다고 말한 헤세는 그 누구보다 더 진리를 추구하며 살았다.

▲ 독일에서 핍박받아 정신 이상이 됐을 때

▲ 스위스에서 구현된 현자의 모습

▲ 친구가 지어준 집
꽃이 얼굴을 내밀며 기뻐하고, 집이 꿈틀거리고 구름이
집 굴뚝과 대화를 한다.

▲ 우주의 정원사!
결혼, 집구함 등 계속 좋은 일만 일어나 너무 기뻐 산, 강
등 자연보다도 자기를 더 크게 그렸다. 온 세상이 자기 것
같고 우주에 물을 주는 우주의 정원사이다.

▲ 서재에 서서

▲ 헤세의 타자기

▲ 캐리캐쳐

▲ 몬타놀라 친구들과 느긋하게 풀밭에 누워

▲ 노년기의 관조

▲ 헤세의 동상

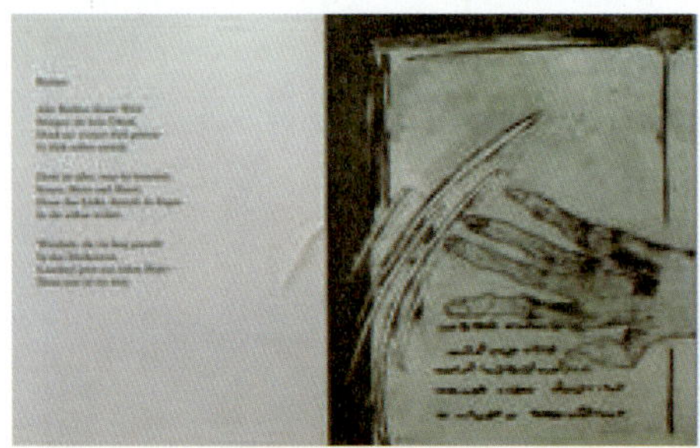

▲ 자필 원고와 손가락 자국과 손가락

▲ 헤세의 사후

▲ 헤세의 무덤

▲ 꽃 피는 봄날에

▲ 꽃들은 저마다 미모를 뽐내고

▲ 나무는 하얀 구름을 반갑게 맞이하고

▲ 청초한 아가씨가 꽃 바구니를 들고

▲ 두 나무도 연인들처럼 기대고

▲ 구름, 나무, 굴뚝이 대화하고

▲ 마을은 기쁨으로 넘치고

▲ 산도 어머니처럼 둥글고

▲ 온천지가 빛난다.

▲ 마을에 푸르스럼한 어둠이 내려

▲ 집은 어둠에서 잠들고 창문에는 황금빛 정다운 불빛!

▲ 모두가 조화롭고 평안하다 !!!

1부

헤세의 시 1

괴로움의 위안을 꿈꾸는 그대에게

괴로움이 고통스러운 것은

그대가 그것을 두려워하기 때문이다.

괴로움이 고통스러운 것은

그대가 그것을 못마땅하게 여기기 때문이다.

그대가 괴로움으로부터 도망치기 때문에

괴로움이 그대를 따라다닌다.

그대는 괴로움으로부터 도망치거나,

괴로움을 못마땅하게 여기거나,

두려워해서는 안된다.

그대는 괴로움을 사랑하여야 한다.

그대 스스로 모든 것을 잘 알고 있다.

그대는 괴로움이 마술, 힘, 구원, 행복을 준다는 것과

그것이 다름아닌 바로 사랑이라는 사실을

그대의 내면 가장 깊은 곳에서 잘 알고 있다.

1931년 니논 돌핀과 결혼하여 심신의 안정을 찾고, 1932년 평생 처음으로 자기 집을 갖게 된다. 이 해가 헤세의 가장 행복했던 기간 중의 하나일 것이다. 산, 강, 땅 등 자연보다 더 크게 그려진 자아! 자연의 꽃밭에 물을 주는 우주의 정원사이다.

행복의 노래

행복을 애써 찾아다니는 한

그대는 아직 성숙한 행복을 얻을 수 없다

그대가 가지고 있는 것이 가장 귀한 것이다

잃어버린 것을 한탄하는 한

많은 목표를 세우고 쉬지 않고 달리는 한

그대는 평안이 무엇인지 알 수 없다

모든 소원을 포기할 때 비로소

그대의 목적이 아직 욕망으로 변하지 않을 때 비로소

행복을 더 이상 이름으로 부르지 않을 때

그때 비로소 더 이상 그대의 가슴에

풍파가 일지 않고

그대 영혼이 쉼을 얻으리라

아름다운 오늘

내일! 내일은 어떻게 될 것인가?

슬픔, 근심, 작은 기쁨

무거운 머리, 부어놓은 포도주

너는 살아야 한다. 아름다운 오늘을!

시간이 빠르게 흘러

영원한 윤무를 바꾸더라도

가득 찬 이 잔은

변함없이 나의 것이다

나의 흐트러진 젊은 불꽃은

오늘 높이 타오른다

죽음이여, 지금 너는 나의 손을 잡는다

네가 감히 나를 강요하려는가?

아름다운 것이 있다

세상에는 아름다운 것이 있다

당신이 바라는 만큼 흡족하게

당신을 기쁘게 하지는 않겠지만

언제나 당신에게 신의를 저버리지 않고

언제 보아도 새로운 아름다움이 있다

알프스 정상에서 보이는 전경

녹색의 바닷가에 있는 조용한 오솔길

바위를 넘쳐흐르는 실개천

어둠 속에서 노래하는 새

아직도 꿈을 꾸면서 웃는 아이

겨울 밤에 빛나는 별빛

맑은 호수에 떠있는 알프스의 목초지와 만년설

그리고 호수에 비친 저녁노을

울타리에서 엿듣는 노래

산책하는 사람들끼리 주고받는 안부인사

유년에 대한 회상

언제나 잠들지 않는 아련한 슬픔이

▲ 집, 나무, 구름의 소통

집과 구름이 커뮤니케이션을 하고 있고 나무도 귀를

기울이듯이,

수많은 밤들이 아픔을 가진 채
당신의 움츠린 가슴을 넓게 펴준다
그리고 아름답고 창백한 별들 너머로
당신을 위해 아득한 향수의 나라를 세운다

그 여자

오늘 하루 내내 그 여자를 생각하며 지내야 했고

그 여자 때문에 포도주를 마시고 빵을 먹어야 했다.

또한 마을과 탑을 노트에 스케치하고

그 여자 때문에 신에게 감사하며

이 세상에 그 여자가 살고 있는 동안

내가 그 여자를 만났다는 사실을

또 그 여자 때문에 한 편의 시를 쓰고

붉은 포도주에 취하고 싶은 것이다.

▲ 서로 기댄 연인같은 두 나무

사랑

나 그대를 사랑하기에

이 밤 미친 듯, 속삭이듯이 그대에게 왔노라.

그대 결코 나를 잊지 못하도록

나 그대의 영혼을 가지고 가노라.

이제 그대 내 곁에 있고

모든 선과 악 속에서도 나의 것이니

격렬하고 타는 듯 한 나의 사랑으로부터

어떤 천사도 그대를 빼앗아 갈 수 없으리.

▲ 동화에 나올 것 같은 원색의 아름다운 집들
아름다운 도형, 색깔의 배열, 명도, 채도의 하모니

첫 사랑

목동의 떼가 돌아가고 있다.

소리 큰 시냇물 소리, 컴컴한 물

머리서 연기가 난다. 온 세상이 아득하다.

나는 일어선 채 영원히 있고 싶다.

그런 상태에서 꿈꾸는 사람의 눈망울로 흐뭇하게 바라본다.

기쁨에 빠져 너와 뒹군다. 당신은 이 세상 모든 여자 중

가장 아름다운 여인

이윽고 뚜렷해지는 당신의 모습

뜨거운 눈물에 젖은 내 얼굴을 나는 감춘다.

그러나 당신은 그걸 모른다.

사랑

이제 나의 눈동자는 놀라 내리깔아야만 했었다

나의 마음은 알 수 없는 기적을 바라며

모든 문을 닫았다

그래도 그대는 아름답다.

사랑

나는 사슴이고, 너는 작은 노루

너는 새, 나는 나무

너는 태양, 나는 눈

너는 대낮, 나는 꿈

밤이 되면 잠든 나의 입에서

금빛 한 마리 새가 너를 향해 날아간다

그 소리는 맑고, 날개 짓은 아름답다

새는 너에게 사랑의 노래를 부른다

사랑의 노래를, 나의 노래를

사랑

키스로 나를 축복해 주는, 너의 입술을

즐거운 나의 입이 다시 만나고 싶어 한다

고운 너의 손가락을 어루만지며

나의 손가락에 깍지 끼고 싶다

내 눈의 목마름을 네 눈에서 적시고

내 머리를 네 머리에 깊숙이 묻고

언제나 눈 떠 있는 젊은 육체로

네 몸의 움직임에 충실히 따라

늘 새로운 사랑의 불꽃으로 천 번이나

너의 아름다움을 새롭게 하고 싶다

우리들의 마음이 온전히 가라앉고

모든 괴로움을 넘어, 행복하게 살 때까지

낮과 밤, 오늘과 내일

다정한 누이로서 인사할 때까지

모든 행위를 넘어서서 빛에 싸인 사람으로

평화 속을 조용히 거닐 때까지

▲ 다정한 연인같은 두 그루의 나무와

진장을 풀고 나른하고 길게 늘어진 구름

언어

태양은 빛으로 말하고

꽃은 향기와 색으로 말하고

공기는 구름과 눈, 비와 함께

말한다. 세상의 지성소에는

가라앉힐 수 없는 충동이 살고 있다.

사물들의 침묵 깨트리고

말과 몸짓, 색깔과 소리에서

존재의 비밀을 표현하려는 충동

이 곳에는 예술의 맑은 샘이 흘러나온다.

세상은 단어와 계시, 정신을 찾으려 애쓰며

인간의 입술로부터 영원한 경험을 밝혀준다.

모든 생명은 언어를 갈망하며

단어와 수, 색채와 선, 음률에서

우리의 갈망은 선명해지며

점점 더 높아지는 의미의 보좌를 건설한다.

꽃에서 붉음과 파랑이 내면화되며

시인의 언어에서는 창조의 건축물이 내면화된다.

그 건축물은 언제나 시작하며 결코 끝이 없다.

단어와 음률이 있는 곳

노래가 울리고 예술이 펼쳐지는 곳

언제나 세상의 의미와

모든 존재의 의미가 새로이 형성되며

모든 노래와 모든 책

모든 그림은 계시이며

생명의 통일성을 충족시키고자 하는

무수히 반복되는 새로운 시도이다.

이런 통일성에 들어가도록

시와 음악은 그대들을 유혹하며

창조의 다양함을 이해하기 위해서

단 한 번만 거울을 들여다보는 것으로 충분하다.

우리를 혼란시키는 것이

시에서 분명하고 단순하게 되니

꽃은 웃고, 구름은 비를 뿌리며

세상은 의미를 가지고 벙어리가 말한다.

화가의 기쁨

밭은 곡식을 맺으나 돈이 들고
초원에는 철조망이 둘러쳐 있고
궁핍이 있고 탐욕이 일어나니
모든 것이 부패된 채 갇혀있는 듯하다.
그러나 여기 내 눈 속에는
만물의 다른 질서가 있어서
보라색이 풀려 흐르고 자주색이 군림하니
나는 그들의 순진무구한 노래를 부른다.
황색에 황색이, 적색에 황색이 어우러지고
시원한 청색이 분홍빛을 머금네!
빛과 색채가 세계를 떠돌다가
사랑의 물결 속에서 굽이치며 울려나온다.
정신이 지배하여 만병을 치료하니
갓 태어난 샘에서 초록이 울려나온다.
세계는 새롭고 의미 깊게 나누어지고
마음은 즐겁고 쾌활해진다.

삶의 단계들

만발한 꽃은 시들고

청춘은 늙음에 굴복하듯이

인생의 각 단계, 지혜, 덕 모두

그 때마다 꽃이 필 뿐 영속되지 않는다.

삶이 부르는 소리를 들을 때 마다

마음은 용감하게 그러나 슬퍼하지 말고

새로운 단계에 들어갈 수 있도록

이별과 새로운 시작을 준비해야 한다.

무릇 생의 첫 단계에는

우리를 지켜주고 살아가게 하는 마력이 있나니

우리는 이어지는 생의 순간을 명랑하게 지나가야 한다.

어느 곳에도 고향같이 집착해서는 안 되며

우주의 정신은 우리를 붙잡아 두거나 구속하지 않고

우리를 한 단계씩 높이고 넓히려 한다.

우리가 어떤 생활권에 뿌리를 내리고

마음 편히 살게 되면 무기력해지기 쉽나니

새로운 출발과 여행을 떠날 준비가 된 사람만이
우리를 마비시키는 습관에서 벗어나리라.
아마 임종의 시간마저도
우리를 새 공간으로 새롭게 보낼지 모르니
우리를 부르는 삶의 소리는 멈춤이 없으리...
자, 마음이여 이별을 고하고 굳건해져라.

화가가 골짜기의 공장을 그리다.

너 또한 아름답구나, 녹색 골짜기의 공장이여
비록 금전 추구와 노예 생활, 암담한 감금같은
증오스런 대상의 상징이자 원천이지만

너 또한 아름답구나! 종종 나의 눈은
네 지붕의 담홍색을 즐기고
네 기둥과 네 깃발, 그 오만한 굴뚝마저 반긴다!

너도 내 다정한 인사를 받아다오.
초라한 숙소들의 예쁘게 빛 바랜 파란색,
거기서 비누 냄새와 맥주 냄새, 아이들 냄새가 풍겨 나온다.
녹색 풀밭과 보라색 밭이랑 가운데서
상자같은 건물들과 빨간 지붕들이
즐겁게 어울려 즐겁고도 감미롭게
취주악을 연주한다. 오보애와 풀루트처럼.

나는 소리내어 웃으며 진홍색 물감을 붓에 찍고

먼지 낀 녹색으로 들판을 칠한다.

그러나 무엇보다도 아름다운 것은

이 어리석은 세계 속에 우뚝 선 붉은 굴뚝

무척이나 당당하고 아름다우면서도 우스꽝스런 굴뚝은

어느 거인의 천진스러운 해 시계의 분침

여행의 노래

태양은 단지 가슴 속을 밝히고

바람은 나의 염려와 무거운 짐을 날려 보내도다!

지상에서 더 큰 기쁨을 나는 알지 못하네

먼 곳을 여행하는 것보다

평지를 따라 나의 길을 간다

태양이 나를 태우고 바다가 나를 식히는구나

대지의 삶을 함께 느끼고 싶어

나의 모든 감각을 활짝 연다

그렇게 모든 새로운 날은 내게

새로운 기쁨과 새로운 형제들을 점지해 줄 것이다

내가 모든 힘들을 기꺼이 찬양할 때까지

모든 별들의 손님이며 친구일 때까지

▲ 각자 자기의 미모를 뽐내며 재잘대고 있는 꽃들과 의젓하게 바라보는 구름!

비행기를 타다

희박한 대기를 가로지르는 황홀감

격렬한 환희에 지친 가슴

그렇게 우리는 미지의 세계에서

논과 밭, 강과 도시 위를 높이 난다

대지는 아득히 멀어지고 가라앉아

작은 점으로 사라지고,

숨 가쁜 날갯짓으로

우리는 아득히 먼 행복을 정복한다

가까이 있는 모든 것은 가라앉았다

세상은 아스라이 멀어지고

끝을 알 수 없는 외로움에 놀라고 은밀히 도취하여....

우리는 도망하고 있다

아프리카를 바라보며

고향이 있다는 것은 좋은 일이다

자기 집에서 아이들과 함께

잠을 자는 것은 행복이다

그대는 마지막 여행에서 돌아와 거의 쉬지도 못했는데

미지의 세계가 다시 그대를 유혹하는구나

향수를 달래며 그리워하는 것이 더 낫다

까마득한 별빛 아래 외로이

고향을 그리워하는 것이 더 낫다

심장이 침착하게 고동치는 사람만이

가질 수 있고 쉴 수 있다

언제나 허물어지는 희망을 안고

방랑자는 고난과 여행의 짐을 견딘다

모든 여행의 고통은 확실히 더 가볍다

고향의 골짜기에서 평화로이 지내는 것보다 더 가볍다

기쁨과 염려가 교차되는 일상의 삶 속에서

지혜로운 사람만이 행복을 쌓을 줄 안다

나는 집 근처에서 맴돌며 편안한 것보다

▲ 〈아프리카를 바라보며〉

추구하지만 발견하지 못하는 것이 더 낫다
아무리 행복해도 나는 이 세상에서
단지 나그네일 뿐 결코 시민이 될 수 없다

이탈리아를 바라보며

호수 너머, 장미 빛 산들 뒤에

이탈리아가 있다. 내 청춘이 열광했던 나라

내 꿈의 고향

붉은 나무들이 가을을 이야기하고

인생의 초가을에

홀로 앉아서 나는

이 세상의 아름답고 잔혹한 눈을 보면서

사랑의 색깔을 고르고 그린다.

자주 나를 속였지만

내가 여전히 사랑하는 그 색깔을

사랑과 고독

사랑과 채워지지 않는 동경

그것들은 예술의 어머니이다.

아직 인생의 가을인데도

▲ 〈이탈리아를 바라보며〉

구름이 팔을 내민 사람처럼 떠 있다. 앞 쪽의 나무도 작가 자신이다. 구름으로 나무로 하늘과 땅에서 자연을 관망하고 있다.

그것들은 내 손을 이끌어
그것들이 부르는 동경의 노래가
호수와 산 위에 그리고 이별하는
아름다운 세계에 빛의 마술을 건다.

▲ 〈이탈리아를 바라보며〉

앞 그림가 이 그림 제목이 〈이탈리아를 바라보며〉이
다. 즉 시와 그림 모두 〈이탈리아를 바라보며〉라는
제목이다. 이 그림 앞쪽의 작은 나무도 작가 자신의
투영체라 할 수 있다. 괴테도 여행하고 난 뒤 매혹되
었던 '이탈리아'.

모래에 쓴 글씨

아름다운 것과 매력적인 것은

단지 한 줄기 숨결과 소나기에 불과한 것을

귀하고 황홀한 것도

무상하기는 마찬가지,

구름, 꽃, 비누 거품과 같으며

불꽃과 어린이 웃음 같으며

거울을 들여다보는 여인 같다

많은 다른 놀라운 일들은

속절없이 사라진다

눈 깜짝할 사이 사라지니

한 줄기 냄새이며 한 줄기 바람인 것을,

사라지는 것을 안타까워하네

그리고 지속적이고 영원한 것을

우리는 진정으로 귀하게 생각하지 않네

차가운 불꽃을 가진 보석과

빛나고 무거운 금괴는 귀하게 생각하지만,

헤아릴 수 없이 많은 별들조차

멀리 있어 낯설다

그것들은 사라져 가는 우리와 같지 않으며

우리 영혼 가장 깊은 곳에 이르지 못하네

가장 아름다운 것, 가장 사랑스러운 것은

몰락해 가네, 언제나 죽음에 가까이에서

가장 아름다운 것, 울리자마자 이미 사라지는 음악소리는

단지 물결이며 폭풍이며 사냥이다

만개(滿開)

복숭아 나무에 꽃이 활짝 피었지만
모든 꽃이 다 열매를 맺는 것은 아니구나
그 꽃들이 나무 사이로 보이는 푸른 하늘과 흘러가는 구름에서
밝게 깜박거린다

꽃처럼 생각이 떠오른다
하루에도 수백 가지 생각이…
그냥 놔두어라! 그렇게 흘러가도록!
결실을 염려하지 마라
유희와 소박함도 있어야 한다
열매를 맺지 못하고 떨어지는 꽃도 있듯이,
그렇지 않으면 세상은 우리에게 너무나 작고
인생은 즐거움이 없을 것이다

책들

이 세상의 모든 책들이

당신에게 행복을 주지는 않는다.

그렇지만 그 책들은 당신에게 은밀히 지시한다.

당신 자신의 내면으로 돌아가라고

바로 거기에 당신이 필요로 하는 모든 것이 있다.

태양이 있고 별들이 있고 달이 있다.

당신이 찾는 그 빛은

당신 자신 안에 존재하기 때문이다.

당신이 오랫동안 도서관에서 찾던 지혜는

지금 꽃잎 마다 빛나고 있다.

이제 그 지혜는 당신의 것이다.

▲ 스위스로 이주한 후 마음이 안정을 찾은 뒤의 그림이
라서 밝고 따뜻한 기운이 충만하다.

푸른 저녁

순수하고 경이로운 광경
그대가 보라색과 황금빛으로부터
평화롭고 진지하고 사랑스럽게 저물어 갈 때
그대 빛나는 저녁 하늘의 푸름이여!

푸른 바다를 연상시키는 그대여,
닻을 내릴 때의 행복이 복된 휴식이 되니
괴로운 세상의 마지막 물방울이 노에서 떨어진다

▲ 탐정 소설이나 추리 소설에 나올 것 같은 집
신비스러운 푸른 빛!
아담하고 예쁜 집과 정다운 불빛!

고백

사랑스런 가상이여, 당신의 유희에
기꺼이 몰입하는 나를 보세요
다른 이들은 목적과 목표를 가지는데
나에게는 살아있다는 것만으로 이미 충분합니다

나의 감각을 자극한 모든 것이
내게는 비유처럼 보입니다
영원하며 하나인 존재자를
나는 언제나 생생하게 느꼈습니다
그런 상형문자를 해독하는 것은
언제나 내게 생명으로 보답합니다
영원한 것, 본질적인 것이
바로 내 마음 속에 존재함을 알기 때문입니다

▲ 주위보다 지나치게 큰 나무, 우뚝 선 자아

주변의 사물들보다 월등하게 거대한 나무는 온갖 역
경과 고난에도 굴하지 않고 꿋꿋하게 살아온 헤세의
내면적 자아를 나타내는 것 같다.

꽃가지

꽃가지가 바람에 흔들린다

끝없이 이리저리

내 가슴이 아이처럼 두근거린다

끝없이 위 아래로

밝은 날과 어두운 날 사이에서

꽃이 떨어지고

가지에 열매가 맺힐 때까지

유년시절 싫증난 가슴이

조용히 고백할 때까지

격정적인 인생의 유희가

재미있었고 헛되지 않았다

▲ 아름다운 자연, 평화로운 마을
흔들리는 꽃가지!

색의 마술

신의 숨결이 도처에서 느껴진다.

하늘 위에서도 하늘 아래서도

빛은 천 겹의 노래를 읊조린다.

신은 다채로운 색깔들로 세상을 채색한다.

흰색은 검은 색으로 따뜻함은 차가움으로

언제나 새로 바뀌었음을 느낀다.

영원히 혼돈으로부터

새로이 무지개가 환하게 밝아온다.

수없이 고통과 환희의 경험을 되풀이하는

우리의 영혼을 통해서도

신의 빛은 창조하고 어루만진다.

우리는 그를 태양으로 찬양한다.

봄

어스름한 동굴에서 나는 오랫동안 꿈을 꾸었다.

그대의 나무들과 푸른 공기를

그대의 향기와 새의 노래를

지금 그대의 모습이 광휘에 싸여

빛나는 모습으로

내 앞에 경이롭게 펼쳐진다.

그대가 나를 다시 알아보고

나를 부드럽게 유혹한다.

내 온몸에서 떨리고 있다.

그대의 환희에 넘치는 현재가

밤의 메모

여러 가지 색깔들이 있다는 사실

파란색, 노란색, 흰색, 빨간색 그리고 녹색!

음악이 있다는 사실

소프라노, 베이스, 호른, 오보에!

언어가 있다는 사실

단어들, 구절들, 각운들

화음의 부드러움

구문론의 행진과 춤!

유희를 즐기는 사람

유희의 매력을 경험한 사람

그에게 세상이 꽃을 피우고

그에게 세상은 웃음을 보이고

그에게 세상은 자신의 가슴과 자신의 의미를 보여준다.

그대가 사랑하고 추구하는 것

그대가 꿈꾸고 체험하는 것
그대에게 여전히 확실하리라
희열이었는가? 괴로움이었는가?
올림 4장조이면서 동시에 내림 가장조
내림 마장조이거나 올림 라장조
그 음들이 다르게 들리는가?

행복

언젠가 나에게 행복을 약속한

하나의 음향, 빛이

먼 어린 시절부터 울려온다.

만일 이것이 없었다면 삶이 너무나 괴로울 것이다.

이 마술의 음향이 울리지 않으면

나는 빛 없이 서서

불안과 암흑만을 볼 것이다.

그러나 슬픔과 죄에 다치지 않은

행복에 찬 부드러운 음향이

내가 겪어온 괴로움을 지나서

언제까지나 울려오는 것이다.

너 다정한 소리여

집의 불빛이여

다시는 꺼지지 말아라

그 푸른 눈으로 잠들지 말라.

그렇지 않으면 세계가

따뜻한 빛을 모두 잃고

별과 또 다른 별이 차례차례 떨어져

너 홀로 있게 될 것이다.

2월의 호수 계곡

오 햇빛 머금은 2월의 엷은 공기여

누런 빛은 사라지고 갈색이 슬며시 다가온 창백한 호숫가

고요한 호수와 유리처럼 맑고 차가운 하늘

장례행렬처럼 늘어선 헐벗은 나무들

아 얼마 전 내 턱에서 발견한 하얀 수염

한 때는 밝게 타올랐던 것이 늙고 지쳐버린 이제

오 화가여 너의 여행은 종말을 향해 가니

묘지의 공기와 겨울 나라를 통과하리라.

그러나 이미 목덜미에 가볍게 내리쬐는 태양

다정한 태양이 내게 다가올 여름을 이렇게 이야기한다.

다시 한 번 뜨겁고 힘차게

어둠 속을 걸어라, 너 잃어버린 아들이여.

〈2월 아침 루가노 호수〉

가지 친 떡갈나무

나무여, 그들이 너를 가지 친 모습이라니

기이하고 낯설게 서 있는 모습이라니!

네 안에 고집과 의지밖에 남지않을 때까지

네가 수백 번 겪었던 그 고통!

나는 너와 같다. 베어지는

고통스런 삶을 중단하지 못하고

날마다 고통에 찬 야만 속에 새롭게

이마를 내밀어 빛을 느낀다.

내 안의 부드럽고 연약했던 것을

세상은 죽도록 조롱했지만

내 본질은 파괴될 수 없는 것

나는 만족하고 화해하며

수백 번 찢겨도 참을성 있게

가지에서 새로운 잎을 돋우니

그 모든 슬픔에도 불구하고 나는

이 미친 세상을 사랑한다.

2부

헤세의 시 2

파랑 나비

작은 호랑나비 한 마리가
바람에 나부끼며 날고 있다.

진주조개 껍질처럼 영롱하게 떨리는 날개가
반짝거리고 아른 거리며 지나간다.
그렇게 눈 깜짝할 사이
그렇게 한 순간의 바람결
나는 보았네
행복이 내게 손짓하고 반짝거리며 아른거리다 지나가는 것을

▲ 이 그림의 제목도 〈파랑 나비〉이다. 그러나 나비는 보
이지 않고 나무가 마치 사람처럼, 팔, 몸을 흔들고 춤
추고 있다.

흰 구름

보라, 흰 구름은 다시
잊어버린 아름다운 노래들의
나직한 멜로디들처럼
푸른 하늘 저쪽으로 흘러간다!

긴 여행에서 방황의
모든 슬픔과 기쁨을
알지 못한 사람은
구름을 이해하지 못하리
나는 흰 구름들과 흩어진 구름들을 사랑한다
태양, 바다, 바람 등은
고향을 잃은 이들에게
자매들이요 천사들이기 때문이다

▲ 나무가 호쾌하게 입을 벌리고 팔을 흔들며 구름을 반기
고 구름은 맑은 영혼의 결정체처럼 두둥실 다가온다.

이 넓은 세상에서 구름을 나보다 더 잘 알고
더 사랑하는 사람은 없을 것이다. 이 세상에서
구름보다 더 아름다운 것은 없을 것이다. 구름은
축복이며 신의 선물이다.

— 헤르만 헤세 —

절대 잊지마라

저녁이 따스하게 감싸주지 않은
힘겹고 뜨겁기만 한 낮은 없다.
무자비하고 사납고 소란스러운 날도
어머니 같은 밤이 감싸 안아준다.

오 가슴이여 그대 스스로를 위로하라
그리움을 견디기 어려워도
어머니처럼 부드럽게 너를 감싸줄
밤이 가까이 다가오고 있으리니

쉴 새 없이 헤매던 방랑객에게
그것은 침대요. 관이 되리라
낯선 손길이 마련해준
그 안에서 그대는 마침내 쉬게 되리니

흥분한 가슴이여 잊지마라
모든 기쁨을 진정으로 사랑하라

▲ 여성의 다리와 배 같은 둥근 곡선의 연속

자연에 모성성을 투영한 그림이다.

영원한 안식을 취하기 전에
아픈 통증가지도 사랑하라

저녁이 따스하게 감사주지 않는
힘겹고 뜨겁기만 한 낮은 없다.
무자비하고 사납고 소란스러웠던 날도
어머니같은 밤이 감싸주리니

▲ 고즈넉한 저녁! 평화로운 마을! 아담한 집과 따뜻한 불빛!

꿈

악몽에서 깨어나
침대에 앉아 어둠을 응시한다.

나 자신의 영혼이 진저리쳐지도록 무섭다.
어둠 속에서 불숙 솟구쳐 나오는 그림들
꿈 속에서 저지른 죄는
내가 한 짓일까?
다만 광기였을까?

아! 나쁜 꿈이 내게 보여준 것은
나만의 쓸쓸한 진실

심지굳은 재판관의 입에서
내 사물의 흠집이 공개된다.

밤의 창문으로 차가운 입김을 불어대고
회색 어둠 속에 안개처럼 아스라이 윤곽을 드러낸다.

오 달콤하고 밝은 낮이여 어서 오라
그리고 밤이 내게 주었던 고통을 치유해다오!

낮이여 그대의 햇살을 내게 비추어라
그래서 내가 다시 일어설 수 있게하라!

설령 고통스러워도 이 나쁜 시간의 두려움 속에서
나를 벗어나게 해다오!

어두운 밤

가까이 그리고 멀리있는

불쌍한 나의 형제들

이 땅을 살아가며

위로를 꿈꾸는 그대의 고통들

그대들은 말없이 두 손을 모으고

별조차 없는 텅 빈 밤

가느다란 순교자의 손을 잡은 채

고통받으며 잠에서 깨어난다.

불쌍하고 혼돈에 휩싸인 무리들

별도 없고 운도 없는 뱃사람

낯설지만 그래도 나와 함께 있는 그대

나의 인사에 응답하라!

▲ 〈로카르노의 밤〉

관계

오래 전에 사라진 어는 민족의 노래에서
우리의 가슴을 울리는 소리를 가끔 만날 수 있다.
우리는 감격에 겨워 가슴에 약간의 통증을 느끼며
그것이 우리의 고향이 아니었는지 알아보려고 한다.

우리 심장 박동도 그렇게 움직인다.
우리 잠과 깨어남이 태양과 별의 흐름과 조화를 이루는
세상의 심장에 단단하게 묶여있다.

탁한 강물의 거친 소망과
열에 들 뜬 우리의 천방지축 꿈이
아직 한 번도 쉬지 못한 태초의 영혼에 잠겨있다.

그렇게 우리는 손에 햇불을 든 채
태고의 불길을 먹고 자라면서
영원히 새로운 태양을 향해 걷는다.

내게는 둘 다 같은 이야기

청년 시절에 나는
쾌락을 찾아다녔다
갈증에 목말라하며
고통과 아픔을 잊기 위해

아픔과 쾌락은 이제 내게
하나가 되어 스며들었다
그것이 나를 편안하게 해주든 아프게 해주든
둘 다 하나가 되어버렸다

지옥의 비명으로 신이 나를 부르든
천국의 태양으로 나를 인도하든
그의 손길을 느끼게 한
내게는 둘 다 같은 것이 되었다

쉼 없이 달려감

그대 두려움에 감싸여 있는 영혼이여
그대는 늘 이렇게 묻는다
험난한 날을 그렇게 많이 보냈건만
평화와 휴식은 도대체 언제 오는가?

오, 나는 안다
편안한 날을 맞이하자마자 우리는
새로운 것에 대한 그리움으로
사랑스러운 나날을 고통으로 보낸다는 것을

그대는 잠시 안식을 취할 뿐
다시 새로운 고통을 찾아 나간다
성급하게 뜨는 샛별처럼
우주는 조바심에 가득 차 있다

▲ 항해하는 구름, 떠다니는 존재, 빙긋 웃으며 여행하는
구름

당신은 그것을 알까?

가끔 가슴 벅찬 기쁨을 맛보는 도중에
즐거운 웃음이 가득한 축제 공간에
문득 침묵하며 자리를 피해야만 하는
순간이 있음을 당신도 알고 있을까?

그런 날 당신은
갑자기 심장에 통증을 느끼는 사람처럼
잠자리에 누워 잠을 이루지 못하고
쾌락과 웃음은 연기처럼 허공에 흩어지고
당신은 하염없이 눈물을 쏟는다
당신도 그런 것을 알고 있을까?

어딘가에

인생의 사막에서 나는 정처 없이 방황하며
무거운 짐에 겨워 신음한다
그러나 거의 잊어버렸지만 어딘가에
시원하게 그늘지고 꽃이 만발한 정원이 있음을
나는 안다

그러나 아득히 먼 꿈속 어딘가에
영원한 안식처가 기다리고 있음을 나는 안다
그곳에서 영혼을 다시 고향을 찾고
영원한 잠, 밤 그리고 별이 기다리고 있음을
나는 안다

▲ 둥근 배와 두 허벅지의 여체같은 산! 모성적 자연을
표현한 그림!

힘든 시절에 벗에게 보내는 편지

이런 암울한 시간에도
사랑하는 벗이여, 나를 허락해다오
기분이 상쾌하든 우울하든
나는 삶을 결코 탓하고 싶지 않았다

햇빛과 악천후는
둘 다 하늘의 얼굴
달콤하든 씁쓸하든 운명은
내게 훌륭한 영양이 되리니

영혼은 얽혀 있는 길을 간다
그것의 언어를 배우라!
오늘 그대에게 고통이었던 것이
내일 축복이 되리라

신을 믿지 않는 자들만이 죽음을 택한다
신이 다른 사람들에게는

▲ 1917년 헤세가 조국의 배반자로 지탄을 받고, 개인적
인 불행까지 겹쳐서 정신병을 앓고 있을 때의 자화상
이다. 형태, 색깔, 분위기 등에서 분노와 회환에 쌓인
느낌이다.

참담한 괴로움과 유쾌한 즐거움을 통해
심오한 의미를 찾도록 가르쳐준다

아버지의 부름 같은 것을 받고
하늘을 쳐다볼 수 있는 그런 곳
우리는 그 마지막 계단에서
휴식을 취할 수 있다

▲ 역시 정신병을 앓고 있을 때의 자화상으로 앞의 그림
보다 더 신경질적, 초조감, 혼란감이 더하다.

현자

내면으로의 길을 찾은 사람은

침묵 속에 고요히 머문다.

신과 세계를

형상과 비유로서만 보는

지혜의 핵심을 깨달은 사람들은

어떠한 생각과 행위를 하더라도 결국

세계와 신을 포함하는

자신의 영혼과 대화하는 곳과 같다.

▲ 햇빛을 충분히 가릴 수 있는 창이 넓은 모자
넉넉한 마음과 지혜를 상징한다. 안경 뒤에 예리하게
빛나는 눈, 명석함을 나타내는 큰 귀, 굳게 다문 입의
의지 인생의 모든 풍파를 겪고 현자가 된 모습니다.

-헤세의 마지막 자화상-

소박한 노래

무지개의 노래

스러져가는 빛에서 나오는 마력

음악처럼 녹아내린 행복

마돈나의 얼굴에 비친 고통

현존의 쓰라린 희열...

꽃봉오리는 폭풍에 떨어지고

무덤 위에는 화환이 놓이고

밝은 날은 순식간에 지나가고

어둠 속에 뜬 별은 세상의 심연 위에 드리워진

아름다움과 슬픔의 너울...

온갖 죽음

온갖 죽음을 나는 이미 죽어보았다

온갖 죽음을 나는 다시 죽으려 한다

나무 속에서 목재의 죽음으로 죽고

산 속에서는 죽음으로 죽으려 한다

모래 속에서는 흙의 죽음으로

바스락거리는 여름풀 속에서는 풀잎의 죽음으로

그리고 불쌍하고 잔혹한 인간의 죽음으로

꽃으로 나는 다시 태어나려 한다

나무와 풀로 나는 다시 태어나려 한다

물고기와 사슴, 새 그리고 나비가 되려 한다

그러면 그리움은 나를

모든 형상으로부터 잡아채어

마지막 고뇌에 이르는 계단으로

인간의 고뇌로 이끌어가리라

맹렬한 기세로 날아오는 주먹이 그리움에게

삶의 양극을 휘어서

맞붙게 하라고 요구할 때

오, 떨리면서 팽팽히 당겨진 활이여!

여전히 자주 그리고 또다시

그대는 나를 죽음에서 탄생으로 몰아가리라

고통으로 가득 찬 형성의 길로

영화로운 형성의 길로

시인이 부르는 죽음의 찬가

나는 곧 세상을 떠나

조각조각 흩어지리라

그리고 나의 유골은 모두

다른 것으로 바뀌리라

이름을 날리던 헤세는 사라지고

출판업자만이 그의 독자 덕에 먹고살 것이다

그 후 나는 다시 세상에 나와

모두가 좋아하고

심지어 노인들까지 호의적인 주름을 지으며

싱긋 웃어주는 사내아이가 되리라

하지만 나는 게걸스레 먹고 마셔대며

이름도 더 이상 헤세가 아니리라

나는 젊은 여인들 옆에 누워

그녀들의 몸에 내 몸을 비벼대고

그러다 싫증나면 여자들의 목을 조른다

그러면 사형 집행인이 와서 나를 저 세상으로 보내리라

그 후 나는 어떤 어머니에 의해

다시 태어나게 되리라

그러면 그때 다시 책을 쓰거나

여자들과 잠을 잘지도 모른다

그러나 나는 이제 그만 저 세상에 머물러

태어나지 않은 채 무의 상태에서

아무런 방해도 받지 않는 피안의 세계로

사라지고 싶다

그곳에서 나는 세상의 모든 것에 대해

웃고 웃고 웃고 또 웃으리라

한탄

우리에게는 멈춤이 허락되지 않는다. 한낱 강물일뿐

우리는 온갖 형태 속으로 기꺼이 흘러든다

낮이나 밤이나 동굴이나 사원으로

우리는 뚫고나간다. 존재를 향한 갈망이

우리를 재촉한다

그렇게 우리는 쉬지 않고 형태를 하나씩 채워간다

그러나 그 어떤 형태도 우리의 고향이나 행복

또는 고난이 되지 못한다

언제나 우리는 떠돌아다니고 언제나 우리는 길손이다

밭도 쟁기도 우리를 부르지 않고

우리는 빵을 벌 수도 없다

신이 우리를 어떻게 생각하는지 우리는 알지 못한다

신은 점토와 같은 우리를 손에 쥐고 주무른다

점토는 말이 없고 조형이 쉬우며

웃지도 울지도 않는다

점토로 형체가 만들어지기는 하지만
구워지는 일은 결코 없다

언젠가는 돌로 굳어서 영원해지리라!
그때를 그리며 우리의 갈망은 언제까지나
식을 줄 모른다
그러나 불안한 전율만이 영원히 남아
우리의 길에 결코 휴식은 없다

올림 사음과 내림 가음

그대가 사랑하고 추구하는 것
그대가 꿈꾸고 체험하는 것
그것이 기쁨이었는지 혹은 슬픔이었는지
그대는 확신할 수 있는가

올림 사음과 내림 가음 반음 내림 마음과 반음 올림 라음
그대의 귀는 그런 것들을 구별할 수 있는가?

세상이여 안녕

세상이 산산조각으로 흩어진다

한 때는 우리가 그것을 몹시 사랑했었다

그러나 이제는 죽음이 우리를

그토록 두렵게 하지 않는다

이 세상을 변화시키려고 하지 말라

세상은 여전히 화려하고 거칠고

그 안에 태초의 마법이 머물러 있고

아직도 여전히 그 모습을 간직하고 있다

고마운 마음으로 우리는 떠나야 한다

이 땅의 한바탕 유희에서

세상은 우리에게 기쁨과 고통을 주었고

많은 사랑을 주었다

세상이여 안녕! 예쁘게 꾸며

다시 생생한 젊음을 꽃피워라

우리는 그대가 우리에게 허락한 행복과

고난을 이제는 더 이상 맛보고 싶지 않아

언젠가 너는 안식하게 될 것이며

언젠가 너는 안식하게 될 것이며

언젠가 마지막 죽음을 맞이할 것이다.

너는 정적 속으로 들어가

꿈도 없는 깊은 잠을 자게 될 것이다.

죽음이 황금빛 어둠 속에서

자주 너를 부르며 손짓하고

너는 죽음에 가까워지기를 자주 갈망한다.

너의 조각배가 폭풍에 떠밀려 바다 위에서 떠다닐 때

머나먼 항구를 그리워하듯

그러나 아직 너의 피는 붉은 물결을 이루며

실제와 꿈 사이에서 너를 이리저리 흔들고

아직도 너는 삶에 대한 갈망과 열정으로 타오르고 있다.

저 높은 세계의 나무에 매달린

과실과 뱀이 달콤한 말로

너를 욕구와 허기, 죄와 쾌락으로 유혹하고

백가지 화음의 노래 소리가

너의 가슴을 뚫고 무지개처럼 아름다운 곡을 연주한다.

쾌락의 원시림과도 같은 사랑의 유희가

너를 황홀경으로 끌어들이면

너는 그 곳에서 취객이 되고 짐승이자 신이 되어

정처없이 헤매며 흥분하고 지쳐간다.

조용한 마법사인 예술이 황홀한 마술을 부려

너를 자신의 영역 안으로 이끌어

죽음과 탄식 위에 화려한 색의 베일을 그려넣고

고통을 쾌락으로, 혼돈을 조화로 바꾸어 놓는다.

정신은 지고한 연주로 이끌어 올리면서

너를 별들과 마주보게 세우고

너를 세계의 중심으로 만든다.

그리고 합창단을 우주의 네 둘레에 배치시킨다.

동물과 원형질을 비롯하여 네게 이르기까지

정신은 조상의 다양한 혈통의 흔적을 보여주고

너를 자연의 목표이자 종착역으로 만든다.

그리고 어두운 문을 활짝 열어젖힌 후

신을 가리키고 정령과 욕망을 가리키며

정신은 자신으로부터 감각계가 전개되는 모습과

무한한 것이 거듭 새롭게 형상화되는 모습을 보여준다.

그러면 연주를 위해 산산이 부서진 세계가

비로소 다시금 너에게 호의를 베푼다.

너는 세계와 신 그리고 우주를 꿈꾸는 자이기에

피와 욕망이 끔찍한 짓을 저지르는

암울한 곳으로도 길은 열려있고

두려운 나머지 환각 상태에 빠지고

사랑했기에 살인을 하는 곳

범죄가 성행하고 망상이 난무하는 곳

그런 곳으로도 길은 열려있으며

꿈과 실제를 구분하는 경계석조차 없다.

너는 그 여러 갈래의 길을 모두 가게 될지도 모르고

갖가지 유희에 빠져들지도 모른다.

그리고 가는 길마다 새로운 길이

훨씬 더 유혹적인 모습으로 이어져있는 것을

보게 될 것이다.

재산과 돈이라는 것은 얼마나 근사한가?

그런 재산과 돈을 경멸하는 것은 얼마나 더 근사한가?

체념하고 세상에서 눈을 돌리는 것은

얼마나 근사한 일인가?

신을 향해 가다가 짐승으로 돌아오고

어디서나 행복은 일시적으로 스쳐 지나간다.

이리 저리 가서 인간이 되고 짐승이 되고

나무가 되어라!

세상의 화려한 꿈은 끝이 없으며

모든 문은 네 앞에 활짝 열려있다.

어느 문에서나 삶으로 충만한 합창이 울려 퍼지고

어느 문에서나 일시적인 행복이

일시적인 향기가 유혹하며 너를 부른다.

두려움이 너를 휘감으면 체념의 미덕을 보여라!

가장 높은 탑으로 올라가 네 몸을 던져라!

그리고 너는 어디서나 길손에 불과하다는 것을

명심하라!

쾌락과 고통에서도 길손이며, 무덤 속에서도 길손임을

제대로 휴식을 취하기도 전에 너는 또다시

영원한 탄생의 강물로 내던져진다.

그 수많은 길 가운데 하나를

찾는 것은 어렵지만 예감하기는 쉽다.

세상의 모든 영역을 한 걸음에 알아내는 자는

더 이상 실수를 저지르지 않고

최종 목적지에 도달한다.

그 길 위에서 너는 깨달음을 얻는다.

죽음이 결코 파괴시키지 못하는

너의 가장 내면적인 자아는

오직 네게만 속한 것이며

명성에 귀 기울이는 세상에 속한 것이 아니다.

잘못 접어든 길은 너의 기나긴 순례 여행이었고

그 길은 이름없는 오류의 감옥과도 같았다.

그리고 기적의 길은 언제나 네 가까이에 있었다.

어떻게 너는 오랫동안 눈먼 채로

길을 갈 수 있었는가?

너의 눈이 한 번도 보지 못한 마술과 같은 일이

기적의 길에서 어떻게 네게 일어날 수 있었는가?

이제 마술의 힘은 사라지고

너는 깨어났다.

오류와 관능의 계곡에서

너는 멀리서 들려오는 합창 소리를 들으며

조용히 외부 세계로부터 돌아서서

너 자신에게로 내면의 세계로 향한다.

그러면 너는 안식하게 될 것이며

마지막 죽음을 죽게 될 것이다.

그리고 정적 속으로 들어가

꿈도 없는 깊은 잠을 자게 될 것이다.

3부

헤세의 시 3

나로부터 출발하는 사고

우리가 고통 속에 나약하고 지쳐있을 때면

때때로 모든 것은 거짓되고 슬프게 보이고

모든 감동은 슬픔이 되고

모든 기쁨의 날개는 부러진다.

그리하여 우리는 먼 곳을 동경하며 귀를 기울인다.

그 곳으로부터 새로운 기쁨이 오지 않을까하고

그러나 매번 외부로부터 어떠한 기쁨도

어떠한 운명도 우리에게 오지 않는다.

우리 신중한 정원사들은

자신의 본질에 귀 기울여야만 한다.

그 곳으로부터 꽃의 얼굴을 한

새로운 기쁨이, 새로운 힘이 자랄 때까지...

방황하고 아파하고

양떼와 함께 목동이
한적한 오솔길로 들어선다.
집들은 잠에 겨운 듯 어둠 속에 잠기고
꾸벅거리고 있다.

나는 이 마을에서 지금
단 한 사람의 이방인
그리움의 잔을 마지막까지 비운다.

길을 따라 어디로 향하든
부엌에는 언제나 불이 타고 있었다.
그러나 나만은 고향과 조국을 느끼지 못했다.

안개

안개 속을 걸어다니는 것은 신기하다.

나무도 돌도 모두 쓸쓸하다.

어떤 나무도 다른 나무를 보지 못하니

모두가 혼자다.

나의 인생이 빛났던 날에는

세상의 친구도 많았었다.

지금 안개가 내리니

아무도 보이지 않는다.

이 어둠의 의미를 모르는 자는

지혜롭다 말할 수 없으리라.

피할 수 없이 조용하게

만물로부터 떠나게 만드는 이 어둠

안개 속을 걸어다는 것은 신기하다.

인생은 외로운 것!

아무도 남을 모르니

모두가 혼자다.

싱그러운 얼굴을 한 아가씨여!

나는 그대의 이름을 알려고 하지 않는다.

그대에 대한 사랑을 품거나 사랑을 부풀리고 싶지 않다.

그대는 내 사랑의 목표가 아니고 충동에 불과하다.

나는 이 사랑을 길가의 꽃이나,

포도주 잔 속에 빛나는 햇살이나,

교회의 빨간 지붕에 나누어 주겠다.

그대는 나로 하여금 이 세상에 빠져들게 한 사람이다.

▲ 헤세는 그림에 사람을 그리지 않았다.

이 그림에 유일하게 사람이 그려져 있다.

그것도 눈, 코, 입이 생략된 채 미지의 전설 속의 여

인이다.

나의 청춘

나의 청춘은 온통 꽃밭이었다
초원에는 은빛 샘물이 솟아오르고
오래된 나무와 동화 같은 숲의 녹음이
거친 내 꿈의 정열을 식혔다

지금은 목마르게 뜨거운 길을 간다
이제 청춘의 나라는 닫혀 있다
나의 방황을 비웃기나 하듯
담 너머로 장미가 고개를 끄덕인다

신선한 꽃밭의 속삼임이
분노하며 점점 멀어져 가지만
그때보다 곱게 울리는 소리가 있어
마음속 깊이 귀 기울인다

옛집

언제나 같은 꿈이다
빨간 꽃이 피어 있는 마로니에
여름 꽃이 만발한 뜰
그 앞에 외로이 서 있는 옛집

저 고요한 뜰에서
어머니가 어린 나를 잠재워 주셨다
아마도 이제는 오랜 옛날에
집도 뜰도 나무도 없어졌을 것이다

지금은, 그 위로 초원의 길이 지나고
쟁기와 가래가 지나갈 것이다
고향의 뜰과 집과 나무들은 이제 꿈속에나 남으리

방황

가을비가 회색의 숲을 파헤치고
골짜기는 아침 바람 속에서 추위에 떨고 있다
상수리 나무에서 투두둑 소리 내며 열매가 떨어진다
갈색의 열매는 벌어져 축축하게 웃고 있다

가을이 내 생활을 파헤쳤다
바람은 찢긴 이파리를 앗아가고
차례로 가지와 가지를 흔든다. 열매는 어디에 있을까?

나는 사랑의 꽃을 피게 했으나 그 열매는 슬픔이었다
나는 믿음의 꽃을 피게 했으나 그 열매는 미움이었다
시든 나의 가지를 바람이 흔든다
나는 그를 비웃어 준다. 아직도 폭풍이 저항하고 있다

나에게 있어 열매란 무엇이며 목적이란 무엇일까?
나는 꽃처럼 피어났다
그리고 꽃피는 것이 목적이었다. 지금은 시들고 있다

▲ 맑고 포근한 구름

하지만 목적은 순간적인 것, 마음은 그 속에 숨어있다

신은 나의 속에서 살고, 죽고, 괴로워한다
이것으로 나의 목적은 충분하다
길이나, 미로, 꽃이나 열매
모든 것은 다 같은 것, 모두가 다 이름에 지나지 않는다

아침 바람 속에서 골짜기가 떨고 있다
상수리나무에서 투두둑 열매가 떨어진다
떨어진 열매는 딱딱하게 밝게 웃는다. 나도 함께 웃는다

삶의 향기

나는 한 줄기 빛이다

그 옛날 숲과 함께 살았고, 방랑자로 떠돌던

무수한 종족의 나무에 피어난 하나의 잎이다

전쟁에서 전쟁으로 내몰린 종족이나

흑단과 황금으로 찬란하게 세운 집들이

아름다운 거리마다 찬란하게 빛나는 또 다른 나무의 한 잎이다

그들로부터 나에게서 이미 떠나간

어머니의 고요한 눈길에 이르기까지

모든 것은 벗어날 수 없는 한 줄기

확고한 길로서 나에게 이어져 있고

그리고 바로 이 길이 내게서 새로이 시작되어 무한의 시간으로

나를 먼 조상으로 하는 사람들에게로 이어진다

그들의 생명 속에는 나의 생명도 들어 있다

그리고 내가 산 위 높은 구름을 넘어가

가벼운 대기 속을 걸어서 올라가자

내 생명, 나의 보는 눈, 고동치는 심장은 귀중한 영토가 되었다

그것을 은혜롭게 물려받았으나

그 가치와 아름다움은 내 소유가 아니다

그것은 소멸하는 일이 없다

내 이마 곁으로 가볍게

차디찬 고원의 바람이 스쳐갔다

인생

떨어지는 나뭇잎과 거센 바람이
걸어가는 나를 향하여 흩어져 온다
그러나 나는 모른다. 가엾은 아가야
오늘은 어디서 여장을 풀까

언젠가는 너도 바람 속을, 지친 나머지
근심에 싸여 뛰어다닐 것이다
그러나 나는 모른다. 가엾은 아가야
그때도 내가 아직 살아 있을지

인생

때때로 강렬한 빛을 띠며
인생은 화려하게 반짝거린다
그리고 웃으며 묻지도 않는다
괴로워하는 사람들, 죽어가는 사람들을
그러나 나의 마음은

언제나 그들과 함께 있다
괴로움을 숨기고 울기 위하여

저녁이면 스며드는 괴로움으로 인해
그에 얽혀 방황하는
많은 사람들을 나는 안다
그들의 외로운 영혼을 친구라 부르고
반갑게 맞아들인다

젖은 손 위에 엎드려
밤마다 우는 사람들을 나는 안다
그들에게는 캄캄한 벽만 보일뿐
빛은 하나도 없다

그러나 비록 암흑의 근심으로 가려져 있어도
따사로운 사랑의 빛이
그들 안에 남몰래 간직되어 있건만
그것을 모르고 방황하고 있다

세계

태양은 빛으로 우리와 이야기한다.

꽃은 향기와 빛깔로 이야기한다.

대기는 구름, 눈, 비로 이야기한다.

세계의 성전에는

진정시킬 수 없는 충동이 살고있어

사물의 침묵을 깨고

언어로, 몸짓으로, 빛깔로, 음향으로

존재의 비밀을 표현하려고 한다.

거기에는 예술의 빛나는 샘이 흐르고

세계는 언어를, 계시를, 정신을 찾아 싸우고

인류의 입을 통하여

영원의 체험을 낭랑하게 알린다.

생명 있는 것은 모두 언어를 갈망하고

우리들의 음울한 노력은 언어와 수와

색채의 선과 소리 속에 나타난다.

그리하여 점점 더 높은 의미의 옥좌를 쌓는다.

한 송이 꽃의 빨강과 파랑 속에서

한 사람의 시인의 언어 속에서

끊임없이 결코 그칠 줄 모르는

창조의 영위가 내부로 방향을 돌린다.

그리고 언어와 소리가 결합하는 곳

노래가 울리는 곳, 예술의 꽃이 피는 곳에서

언제나 세계의 의미가

전 존재의 의미가 새로이 만들어진다.

노래마다, 책마다

그림마다 각각 하나의 본 모습이고

생명의 통일을 실현하려는

새로운 첫 번째 시도이다.

이 통일을 돕기 위하여

시와 음악은 너희들을 부른다.

창조의 만상을 이해하려면

거울 속을 잠시 보는 것으로 충분하다.

우리들 만남의 복잡성도

분명 시 속에선 단순하게 된다.

꽃이 방긋그리며, 구름은 비를 내리고
세계는 의미를 가지고, 벙어리가 말을 한다.

방황

검은 수목들의 쌓인 그림자, 꿈을 식히는

어둠 속을 그는 즐겨 걸었다

그러나 그의 가슴 속, 빛에서 빛으로

타오르는 욕망에 갇혀 괴로움 속에 있었다

은빛 밝은 별이 가득 찬 머리 위에

활짝 갠 하늘이 있음을 모르고

이별

빈 병 속에서, 유리 속에서
촛불이 희미하게 아른거린다
방 안은 쓸쓸하고
풀밭엔 비가 내린다

짧은 휴식을 위해 당신은 몸을 눕힌다
아침이 오고, 다시 저녁이 오면
언제나 그렇게 되풀이되지만
당신은 다시 오지 못한다

고독

무지개의 시

죽어가는 빛의 마력

음악처럼 사라지는 행복

성모의 얼굴에 비친 고통

존재의 쓰라린 환희……

폭풍우에 쓰러진 꽃

무덤위에 놓인 화환

지속되지 않는 청명함

어둠 속에서 떨어진 별

세계의 심연 위에 덮인

아름다움과 슬픔의 베일

죽음

아! 기약도 없는 이별을 한다

실패한, 쓰라린 운명에 가슴은 넘친다

어쩔 수 없이 장미가 향기롭게 손 안에서 시든다

애달픈 마음은 졸음과 어둠을 찾는다

그러나 밤하늘엔 변함없는 자리에 별이 떠 있다

좋든 싫든 간에 우리는 언제나 저 별을 쫓는다

빛과 어둠을 지나 우리의 운명은 저 별을 향해 굴러간다

우리는 기꺼이 저 별을 쫓는다

이름을 부르는 소리가 들려온다

부모와 형제 자매, 벗들 그리고

유년 시절, 내가 존경하던

영웅들, 여성과 시인들

그러나 그 많은 얼굴들 중에서 어느 누구도

잠시라도 나를 보아주지 않는다

그것은 촛불처럼 속으로 꺼져가고

슬픔에 넘치는 마음 속에 '잊혀진 시의 울림처럼'

어둠과 슬픔만을 남긴다
지난 날 즐거웠던 빛이 이제 흐려지고
꿈과 추억이 된 나날을 아쉬워하는
탄식만을 남긴다

죽음

죽음 때문에 우리의 삶은 보다 깊고 섬세해진다

세계가 너에게서 떨어져나간다

지난 날 네가 사랑하던

모든 기쁨이 다 타버리고

그 속에서 암흑이 위협한다

어쩔 수 없이

너는 스스로의 내부로 잠긴다

보다 강렬한 손에 밀려

추위에 움츠리며 죽은 세계 위에 선다

너의 뒤에서 흐느끼며

잃어버린 고향의 여운이 불어온다

아이들의 소리와 은은한 사랑의 노래가

고독으로 가는 길은 참으로 어렵다

네가 알고 있는 것보다 더

꿈의 샘도 말라 있다

그러나 믿어라!

그 길의 끝에 고향이 있다

죽음과 재생이, 그리고 무덤과 영원한 어머니가

꺾어진 가지

꺾어져 부스러진 나뭇가지

이미 여러 해 동안 그대로 매달려,

메마른 체 바람에 날려 삐걱거린다.

잎도 없이, 껍질도 없이,

벌거숭이로 빛이 바랜 체

너무 긴 생명과 너무 긴 죽음에 지쳐버렸다.

딱딱하고 끈질기게 울리는 그 노랫소리,

반항하듯이 들려온다. 마음 속 깊이 두려움에 떨려온다.

아직 또 한 여름을

아직 또 한 겨울 동안을.

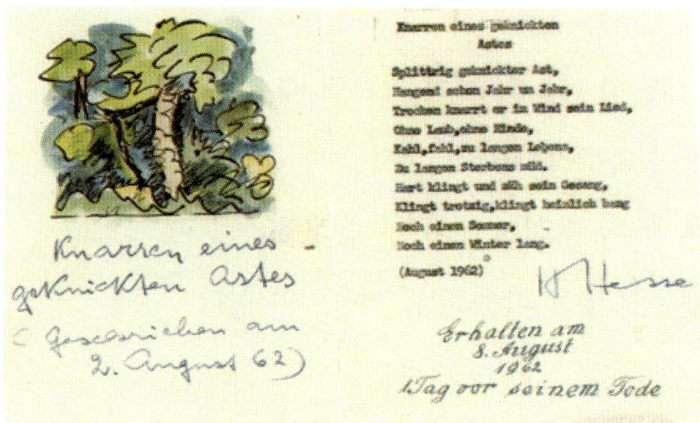

▲ 이 시를 쓰고 옆의 그림을 그리고 난 다음 날 헤세는 이 세 상이라는 나무에 겨우 달려있던 꺾어진 가지의 마지막 연 결마저도 다 놓아버리고 영원의 세계로 들어갔다.

이 그림은 기력이 없는 가운데 단번에 순간적으로 간략하 게 그려진 것 이다. 비록 '꺾어진 가지'이지만 잎도 파릇파 릇하고 둥치도 튼튼하며 푸르름이 생생한 것은 작가의 정 신과 예지력 때문일 것이다. 헤세의 다른 나무그림에는 없 는 낙서같은 칠, 복잡한 선들은 작가의 과거, 인생 경험의 편린들이 아닐까? 아래 부분과 옆 부분의 검은 색깔들과 위로 우뚝 솟은 푸르름은 헤세 자신의 인생 경험과 개인적 상흔들을 이야기 해준다.

헤세는 낮에는 이 시를 쓰고 이 그림을 그리고, 밤에는 모 차르트의 피아노 소나타 7번 C장조 309번을 들으며 잠들 어서 그대로 저 세상으로 갔다. 시, 그림, 음악의 종합예술 을 작업하고 접하며 세상을 하직했다. 실로 해탈한 도인의 열반같은 죽음이었다.

나의 영혼

때때로, 한 마리의 새가 지저귈 때

바람이 나뭇가지 사이를 지날 때

혹은 개 한 마리가 먼 동구 밖에서 짖을 때

오랫동안 입을 다물고 귀 기울여야 한다

나의 영혼은 옛날로 되돌아간다

잊어버린 천 년의 세월

부는 바람과 새가

나를 닮고, 나의 형체였던 그 옛날로

나의 영혼은 나무가 되고

동물이며 뜬 구름이 된다

그리고는 모습을 바꿔, 낯선 얼굴로 돌아와

내게 묻는다. 나는 무슨 말로 대답해야 하는가

종교

인간의 길은 힘들고, 죄와 죽음이 그의 양식이다

자주 그는 어둠 속에서 헤매고

'차라리 태어나지 말 것을' 하고 생각할 때가 있다

그러나 그의 위에는 영원히 그의 동경과 사명이

즉, 빛과 정신이 반짝이고 있다

그리고 우리들 위태로운 사람들은

어떤 영원한 것이 사랑하고 있는 것을 느낀다

우리 헤매는 형제들은

화목하지 못해도 사랑은 가능하다

심판과 증오가 아니라

끈기 있는 사랑이

사랑하는 인내가

우리들을 성스러운 목표로 접근시켜준다

4부

헤르만 헤세 그림 속의 구름

헤르만 헤세는 그림을 그리며 황폐화된 자기의 정신을 치유했다.[1] 제1차 세계 대전이라는 대재앙 속에서 국수주의적인 독일 사람들의 맹렬한 비판, 부인의 정신병, 아들의 중병으로 인하여 헤세도 정신 착란 상태에 이른다. 헤세는 요제프 베른하르트 랑 Josef Bernhard Lang 박사로부터 심리 치료를 받았는데, 랑 박사는 심리 상담과 더불어 그림을 통한 치료를 권장했다. 그는 헤세에게 그림 그리기를 권유했고, 헤세는 그림을 그림으로써 산란한 정신을 안정시켰다. 자신의 척박한 내면을 드러내고, 쓰라린 치부를 선, 색깔, 형태로 옮기며 자연의 사랑과 여유를 같이 그려 넣었다. 시간이 감에 따라 그의 그림은 점점 더 밝아져서 그것을 보는 사람의 마음도 푸근하고 그윽하게 만들었다. 그의 글처럼 많은 이야기와 서정이 담겨있는 그림도 중요한 연구 대상이나 아직까지 그러한 작업은 거의 없는 편이다. 인간들에게 상처받고 실망하여 사람이 결코 등장하지 않고, 어떤 스토리도 없이, 항상 산, 구름, 나무,

---

1 제1차 세계 대전이라는 대재앙 속에서 국수주의적인 독일 사람들의 맹렬한 비판, 부인의 정신병, 아들의 중병으로 인하여 헤세도 정신 착란 상태에 이른다. 헤세는 요제프 베른하르트 랑 Josef Bernhard Lang 박사로부터 심리 치료를 받았는데, 랑 박사는 심리 상담과 더불어 그림을 통한 치료를 권장했다. 그는 헤세에게 그림 그리기를 권유했고, 헤세는 그림을 그림으로써 산란한 정신을 안정시켰다.

마을, 호수 정도만 등장하는 그 그림들을 분석하는 것은 보통 어려운 일이 아니다. 그림을 분석하는 방법론이 제대로 갖추어져 있지 않아 더욱 그러하다.

이러한 난점에도 불구하고 헤세의 그림 속에 나타나는 구름을 분석하려는 이유는 그와 구름의 특별한 관계와 그로 인한 특징들 때문이다. 방랑하기를 좋아했던 헤세가 자유로운 구름을 얼마나 좋아했는지는 잘 알려져 있다. 헤세도 구름처럼 떠다니고, 사라지고, 나타나고, 몸을 바꾸고 등등 온갖 변형과 유랑을 하고 싶었을 것이다. 이러한 헤세의 심상이 담겨있는 구름이기 때문인지, 그림 속의 다른 요소보다 그 변화 과정이 현저하게 나타난다. 그림을 분석하려면 연구할 그림의 제작 시기, 특정 시기 동안 그려진 모든 그림의 수집, 특정 주제의 그림 등 여러 가지 조건이 전제되어야 한다. 그러나 그의 많은 그림들이 이미 사라져 버렸고, 남아있는 그림의 수도 미미하고[2] 그 의미와 배경에 관한 선행 연구도 거의 없다. 따라서 시대별, 주제별 기초 작업도 안 된 상태에서 연구의 한계는 분명히 존재할 수밖에 없다. 그럼에도 불구하고 연구를 시도하는 것은 그림의 체계나 비밀을 조금이라도 밝혀서 후속 연구를 위한 초보적인 작업이라도 시도하기 위함이다. 이 글에서는

---

2 홍순길 : 헤세와 미술, http://hesse-library.mokwon.ac.kr/archiv/hessart.html

헤르만 헤세의 그림들 중 구름이 등장하는 그림들을 골라서 시간
이 흘러감에 따라 구름의 선, 형태, 이미지 등이 어떻게 변화하고
또 그것이 어떤 의미가 있는지를 파악하고자 한다.

　　이 글에서 1922년부터 1959년까지의 그림들이 분석될 것이
다. 이 그림들은 주로 2000년 헤르만 헤세 박물관 건립 위원회
에서 만든 책[3]에 실렸던 것들이다. 분석할 작품들은 다음과 같다.
1922.8.6 〈노란코 별장〉, 1924.4.10 〈카스라노 산 기슭의 호수〉,
1924.5.3 〈정자〉, 1924.9.16 〈호수와 산〉, 1924 〈이탈리아를 바
라보며〉, 1927, 3월의 제목 없는 그림, 1929.11.24 〈1929년 11월
24일의 취리히〉, 1931 〈호수 너머의 교회〉, 1932 〈보드머 별장〉,
1933.2.6 〈2월 아침 루가노호수〉, 1942 〈테신의 마을 풍경〉, 1959
〈여름 편지〉의 총 12개의 그림들이다. 그림들이 년 도별로 골고루
분포되어 있지 않은 것이 아쉬운 점이나, 차례에 따라 분석하면 세
월의 흐름에 따라 구름이 변해가는 모습이 잘 드러날 것이다. 그림
분석의 객관화를 위한 노력에도 불구하고, 그림을 언어로 표현하
는 것이 매우 어려운 작업이고,[4] 또 다른 해석의 가능성은 항상 존
재한다. 따라서 같은 그림에 대한 수십 번의 관찰, 관찰 자료의 비

3　헤르만 헤세 : 헤르만 헤세, 박물관 건립 위원회, 예림기획출판, 2000.

4　조이한. 진중권 : 천천히 그림 읽기, 웅진 지식하우스, 2007. S. 54.

교, 전체적인 검증 등이 필요하다.

본 연구의 방법론은 다음과 같다. 분석의 첫 번째 작업은 그림 속 요소들의 특성들을 최대한 객관적으로 상세하게 기술하는 것이다. 그림을 언어로 정확하게 묘사하는 것이 최우선 과제이다. 두 번째 작업은 기술된 내용들을 비교하고 변화 과정을 분석하는 것이다. 세 번째 작업은 분석된 자료들을 분류하고 전체적으로 총괄하는 것이다. 헤세의 그림 설명에 유사하거나 같은 상황의 헤세의 글이 있을 경우에는 글을 참조하여 그림에 대한 해석을 더 공고히 할 수 있다. 또 국적이나 시대가 다른 작가나 화가들의 그림도 참조하여 그림의 형태, 이미지, 의미 면에서 범세계적인 공감대의 가능성도 살펴볼 것이다. 본 연구에 등장할 요소 중 나무나 집의 분석에 있어서, 아동들의 나무나 집 그림에 대한 연구 결과가 있다. 그러나 어른의 그림 분석에 적용할 수는 없고 가끔 참고할 수 있는 경우도 있다. 어른들의 그림 분석에는 개인 성향과 전체적인 정황이 천차만별이기에 기존 자료를 일률적으로 적용할 수 없다. 따라서 그림의 형태적인 특성, 특성의 변화, 다른 요소와의 관계, 이미지 등의 측면에서 하나하나의 그림을 철저하게 객관적이고 사실적으로 관찰되어야 한다. 그 관찰 결과를 종합하여 구름의 형태, 이미지, 의미 등의 변화를 고찰할 것이다.

헤세의 구름 그림 분석

1922-24년의 그림 : 구름의 형성

첫 번째 분석 대상은 1922년 8월 6일에 그려진 〈노란코 별장〉
라는 제목의 작품이다. 나무줄기와 잎의 형태가 타원형, 원형, 삼
각형 등이고 색깔은 녹색, 짙은 녹색, 회색, 연한 녹색 등으로 이루
어져 있다. 나무 형태와 색깔의 다양성과 농도의 차이로 리듬감과
음악성을 느끼게 한다. 집도 높낮이와 지붕 형태의 차이, 색깔의
변화 등으로 높은 음계나 낮은 음계 등의 리듬, 박자를 느끼게 한

▲ 〈노란코 별장〉(1922) : 흐트러진 구름

다. 나무와 집의 모양과 색깔은 뚜렷하게 그려져 있는데, 하늘, 구름은 흐릿하게 그려져 있다.

따라서 이 그림의 주된 요소는 집과 나무이고 하늘과 구름은 희미하고 조용한 배경일 뿐이다. 그림 전체적으로는 색깔구분이 뚜렷하고 기하학적 도형들로 형태가 다양하여 풍성한 리듬감을 만들어 낸다. 홍순길도 1922년에서 1923년 사이의 헤세 그림은 입체파의 경향을 띤다고 지적했다.[5] 이 그림에서 구름은 희미한 상태로 산란하게 흐트러져서 자기의 색깔과 의미를 확실하게 전달하지 못하고 있다.

〈카스라노 산기슭의 호수〉(1924) : 욕구불만의 구름

1924년 4월 10일 〈카스라노 산 기슭의 호수〉라는 작품이다. 산이 있으되 나무는 거의 없다. 산의 색깔이 보라색, 짙은 보라색, 짙은 황색, 암녹색 등으로 무겁고 무기력한 느낌이다. 오른 쪽 첫 번째 산 중턱에서 밑 부분까지 길이 나서 산이 훼손된 느낌이다.

---

5 1922년부터 1923년에 이르는 시기는 헤세의 그림이 '입체파'의 강한 욕구 속에서 그려졌다. 이 시기에 그려진 그림들은 삼각형, 사각형, 원 등 기하학적 도형과 색 대비가 두드러져 입체적인 느낌을 준다. 〈코로나의 모티브 Motiv in Corana〉, 〈남쪽에서 Im Sden〉, 〈노란코 Noranco〉, 〈숲 가에서 Am Waldrand〉, 〈야자나무가 있는 오두막 Hütte mit Palmen〉 등이 헤세의 대표적인 입체파 그림들이다. 헤세의 표현주의 풍의 그림들이 정통 표현주의 그림들에 비해 그 표현 및 구도가 완곡한 반면, 그의 입체파 그림들은 비로소 정형적인 형태를 갖는다. 홍순길 : 테신에서의 헤세의 삶과 미술, 헤세 연구 4권, 2000, S. 19-20,

▲ 〈노란코 별장〉(1922) : 흐트러진 구름

헤세 그림의 산에 이렇듯 큰 길이 흉터처럼 그려진 것은 아주 드물다. 물의 색깔이나 느낌도 생동감이 없다. 이 그림의 구름은 자연적으로 하늘에 가볍게 떠다니는 것이 아니라 인간의 상념이 투영된 것이다.

하늘의 구름이 이토록 특정 형태, 색깔, 이미지로 존재하는 경우는 흔한 일이 아니다. 무슨 짐승처럼 잔뜩 웅크리고 엉거주춤한 상태로 있고 하늘에 떠 있는 물체로는 너무 무거워 보인다. 구름이 밑의 산에 비해 지나치게 크고 그림 전체의 균형에도 잘 어울리지 않는다.

이 그림의 보라색 계통의 색들, 물의 침체성, 산의 황량함, 구름의 이미지는 모두 어둡고 부정적인 이미지들이다. 헤세의 심상이 상당히 무겁고 어두울 때 그려진 것 같다. 구름은 앞의 그림보다 훨씬 더 구체적인 정체성을 가진 것 같지만 미지의 욕구불만에 쌓여 웅크리고 있다.

〈정자〉(1924) : 산재하는 구름

1924년 5월 3일의 〈정자〉라는 그림이다. 야자수 형태의 나무, 산, 빨간 집, 구름이 등장한다. 산은 간단하게 그려져 있고 구름도 야자수 나무 형태처럼 여기저기 흐트러져 있다. 나무와 집, 하늘의 색깔 등으로 전체적으로 밝고 명랑한 느낌을 준다. 이 그림의 구름은 나무의 형태와 비슷한 모양을 취하며 잘 어우러져 있다. 그러나 전체적인 구도를 위해 적당한 모양으로 알맞은 위치에 있을 뿐이다. 단지 주변 상황에 맞게 어우러져 있는 느낌이다. 이 그림에서의 구름, 나무, 집은 전체 구도 속에서 조화되어 있고 밝고 경쾌한 느낌을 준다. 즉 종합적인 이미지는 활기찬 것이지만 구름과 나무가 특별한 의미를 지니고 모종의 역할을 하는 것은 아니다.

▲ 〈노란코 별장〉(1922) : 흐트러진 구름

〈호수와 산〉(1924) : 억압된 구름

1924년 9월 16일의 〈호수와 산〉이라는 제목의 작품이다. 가장 뒤의 산이 옅은 보라색과 진청색 또 진보라색이 섞여 있고, 그 앞의 산은 짙은 보라색이다. 왼쪽 산은 암녹색이고 오른 쪽은 진녹색의 산이다. 오른 쪽에는 야자수 형태의 나무가 있고 약간 어두운 녹색, 밝은 녹색들이 칠해져 있다. 이 그림의 물도 생동감 있는 느낌은 아니다. 구름은 소용돌이무늬와 불규칙한 형태로 산만하게 흐트러져 있다. 암울한 계통의 색과 구름의 형태는 작가 내면에 여러 가지 일이 꼬여있거나 복잡하게 뒤틀려 있고 긴장이 팽배해 있

는 것 같다. 특히 나선형의 소용돌이무늬로 인해 무엇인가 뒤엉켜 있고 신경질적인 느낌을 준다. 보라색은 심리학적으로 부정적인 요소와 자주 관련이 된다. 이 그림의 보라색 계통의 색들, 암울한 계통의 색, 정적인 호수, 구름의 형태로 보아 작가의 심상이 활달하고 밝게 느껴지지 않는다. 이 그림과 유사한 이미지를 헤세도 영향을 받은 다리파의 에른스트 루드비히 키르히너 Ernest Ludwig Kirchner(1880-1938)의 〈클로스터스의 산〉에서 볼 수 있다. 키르

히녀의 산에 칠해진 굵은 선들, 산의 암적색, 오른 쪽 위의 노란색, 구름의 분홍색, 거치른 붓의 터치 등이 무엇인가 엉켜있어 격앙되고 예민해진 화가의 신경을 말해준다.[6]

이 그림의 구름도 무정형이고, 긴박하고 신경질적인 붓의 터치로 그려져 있다.[7] 자연 상태, 인간 본연의 모습, 인간의 원시적

6 브룩크하우스는 표현주의 예술에서의 '종말적 계시성'을 대도시 체험의 '양가적 매혹성'에서 설명한다. 즉 대도시 매혹과 종말 비전, 쉽게 표현하면 희망과 공포의 대립양상이다. 이와 같은 양면성은 키르히너, 마이드너, 쿠빈 등의 여러 그림에서 보여진다. 참조: 고위공 : 문학과 미술의 만남, 미술문화, 2004, S. 88.

7 1911년 베를린으로 간 뒤 그림에 더욱 날카롭고 신경질적인 선과 어둡고 침울한 색체가 나타났다. (...) 키르히너의 거친 붓놀림과 조화롭지 못한 색체, 격렬한 표현은 바로 타락한 도시를 역으로 고발하는 창부의 타락과 일맥상통하다고 하겠다. 이주헌 : 서양화 자신있게 보기, 학고재, 2004, S. 408–410.

상태 등 군국주의 치하에서 너무나 진보적인 기치아래 예술 활동을 하던 키르히너는 1937년 나치스 독일에서 퇴폐미술가로 낙인찍힌 다음 해인 1938년 자살하고 말았다.[8]

1924년의 헤세 그림과 1923년의 키르히너 그림은 제작 년도가 거의 같다고 볼 수 있다. 키르히너는 격변하는 독일에 있었고 헤세는 조용한 스위스의 산 속에 있어서 주변 상황이 달랐음에도 불구하고 두 사람 그림 속의 산, 구름 그림에는 무엇인가 묘한 공통점이 보인다. 개인적인 상황이나 사건이 달랐음에도 불구하고 전체주의 물결이 휩쓰는 유럽의 하늘 아래에서 같이 숨 쉬고 있었기 때문일까? 예술가로서 인간 본연의 길을 가려했다는 점, 시대 상황으로 인한 고뇌가 가장 큰 족쇄였다는 점이 두 예술가의 공통점이다. 이런 상황에서 두 사람의 개인적인 사건이나 생활의 차이는 별 문제가 아니다. 키르히너의 그림에는 거의 폭발할 단계에 있는 충동이 숨죽이고 있고, 헤세의 그림은 평온한 듯이 보이나 문제가 내재되어 있다. 두 사람 그림에 강도의 차이는 다르나 유사한 성질의 문제와 긴장이 존재한다. 특히 갈등과 격정이 구름의 형태와 이미지에 내포되어 있다.

1922년의 구름들은 풍경의 한 요소로 존재하기는 하지만 적

---

8 로지 디킨스.마리 그리피스 : 미술과의 첫 만남, 황신원역, 예경, 2005, S. 103.

극적인 활동이나 역할은 없다. 산란하고 흐트러진 상태에서 모양이 잡혀지고, 구체화되고, 형성되어가는 과정이라고 볼 수 있다. 그것은 헤세 내면의 풍경이 변화하는 모습이기도 하다. 헤세가 42세이던 1919년부터 스위스에 정착하여 아름다운 풍경을 그림으로 그리고 그림을 곁들인 작품을[9] 출간했다. 1921년에는 칼 구스타브 융 Carl Gustave Jung 박사로부터 정신분석을 받기도 했다. 표면적으로는 안정을 찾아가는 중이었지만 그의 심층 무의식의 영역에 있는 모든 상처까지 단번에 치유되지는 않은 것이다. 산란, 무정형, 흐트러진 구름이 모임, 구체화, 정형화되는 형태의 변화는 흐트러진 마음이 정리되고 안정되고 여유를 찾아가는 흔적을 보여준다. 이를 도식화한다면 다음과 같다.

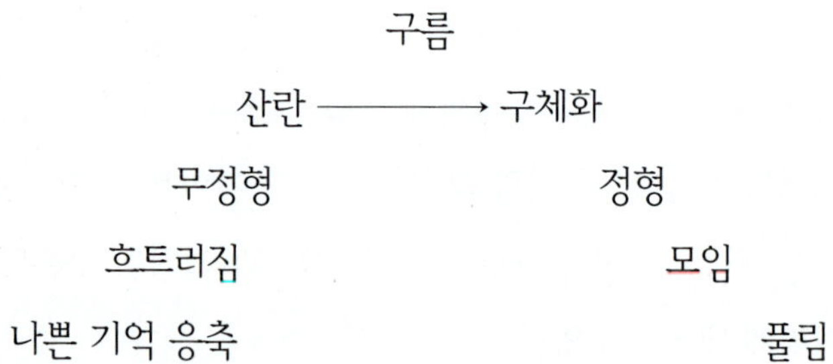

9 1920년 〈화가의 시 Gedichte des Malers〉출간, 수채화를 곁들인 여행 소설 〈방랑 Wanderung〉 발표.

1924-31년의 그림 : 구름의 활동 :구름, 나무

〈이탈리아를 바라보며〉(1924) : 구체화된 구름

다음 그림은 1924년에 그려진 〈이탈리아를 바라보며〉라는 그림이다. 굽이굽이 산이 있고, 호수, 나무, 구름 등이 어우러져 그야말로 절경을 그린 것 같다. 하늘에는 구름이 하나 떠 있고 호수 앞 쪽에는 작은 나무 한 그루가 서 있다. 계획적인 나무심기를 하

지 않는 한, 호수 주변에는 여러 그루의 나무가 듬성듬성 있는 것이 보통이다. 그림 중앙에 단 한 그루의 나무만 그려진 것은 작가의 의도 때문이다. 전문 화가들도 그림 중앙에 단 한 그루의 나무만을 그릴 때는 보통 그 나무가 화가 자신을 나타낸다. 따라서 앞쪽 왼 쪽에 굵고 튼튼한 나무 둥치, 나뭇잎, 오른 쪽에도 나뭇잎이 있지만, 그림 전체 구도에서 헤세의 대변인은 중간 부분의 한 그루 작은 나무이다. 나무는 서서 호수를 바라보고, 구름은 떠서 팔을 앞으로 내밀고 있는 듯한 자세로 밑을 굽어보고 있다. 이 그림에서 구름은 적당한 위치에서 자기 모습을 갖추고 풍경과 잘 어울리게 그려져 있다. 이 그림에서부터 구름의 모습이 구체화되고 나무와의 관계도 좀 더 연관적으로 보이기 시작한다.

그러나 그림의 전체적인 분위기가 굳어있고 침체되어 있다. 물도 움직이지 않고 그냥 조용히 있을 뿐이다. 천하 절경을 바라보는 환희심이 느껴지지 않는다. 구름도 가벼워 보이지 않는다. 내적인 문제들이 깨끗하게 정리되어 홀가분한 상태가 아닌 것이다. 아직도 과거의 상흔이 남아 있다. 동일 제목의 시 〈이탈리아를 바라보며〉에서도 작가의 청춘이 찬미하고 꿈이 친숙했던 아름다운 자연과 낭만의 이탈리아를 찬탄하면서도, 아름다우면서도 잔혹한 세계, 영롱한 자연의 색깔과 그 이면의 추잡한 세상사 등 상반되는 경험과, 아픈 상처 등을 이야기하고 있다.

　즉 시에서처럼 그림에서도 자연의 미를 자연스럽게만 바라볼 수 없는 상처받은 인간의 슬픈 기억이 있는 것이다. 어쨌든 여기서부터 안주의 상징 나무와 영원한 방랑자 구름이 구체적으로 모습을 드러내며 각자의 역할과 기능이 구체화되기 시작한다. 〈이탈리아를 바라보며〉의 구름은 인간 모습과 유사한 형태인데, 비슷한 이미지를 독일 게페니크에서 출생해서 인간과 공간에 대한 많은 작

품을 남긴 알베르 풀로꽁의 작품에서 볼 수 있다.[10] 활짝 뚫린 도로, 탁 트인 공간, 소용돌이 모양, 풍만하고 둥근 여체, 허공을 떠도는 나선형 등 기하학적 공간에서 구름들은 세상을 관망하고, 상념에 잠기고, 공간 속을 부유한다. 팔짱을 끼고 있는 풀로꽁의 구름과 비교하면 헤세 구름은 팔을 내밀고 있는 것 같다.

(1927) : 소통하는 구름

1927년 3월에 그려진 제목이 없는 그림이다. 산은 밝은 노란색, 연한 녹색, 짙은 녹색으로, 하늘은 연한 파란색으로 그려져 아

---

10 가스통 바슐라르 : 풍경, 열화당, 이가림 역, 1983, S. 41.

주 밝은 느낌을 준다. 나뭇잎은 밝은 녹색으로 그려져 있고, 잎 사이의 작은 곡선들로 인하여 잎사귀가 귀여운 손가락들처럼 보이기도 한다.[11] 잎의 연속적인 작은 곡선들은 따뜻한 정감을 불러일으키고 바람에 날리고 있는 형태가 흐드러지게 웃고 있는 듯하다. 구름은 투명하리만치 하얀색으로 그려져 밝고 경쾌한 느낌을 주며 날렵한 형태로 산 위에 떠서 밑의 나무와 무엇인가 자기들만의 언어를 주고받는 것 같다. 중간의 산은 황금색을 띠고 있다. 이런 색깔의 산이 어디에 있을까? 이 그림에는 예술가의 내면적인 환상의 세계와 동화적인 희열이 존재한다. 구름의 형태는 밑의 산과 조화를 이루고, 나무의 강력하고 적극적인 이미지에 비해 구름이 약간 위축되어 보이기도 한다.

---

11 어린이 그림에서 나무 잎사귀를 손처럼 그리면 친교하고 싶은 욕구를 나타낸다는 사실을 참고하자. http://cafe.daum.net/counsellcafe

구름의 모양이 귀여운 애벌레나 애완동물처럼 보인다. 이 그림에서 방랑하는 구름과 머무르는 나무의 기능이 구체적으로 드러나고 작가 내면의 대변인 역할을 한다.

나무가 의인화되어 인간과 교감되는 그림은 알베르 풀로꽁Albert Flocon의 판화에서도 발견된다.[12] 팔은 나무의 줄기, 다리는 나무의 뿌리, 몸은 나무 둥치, 땅에 살면서 신, 천국, 하늘을 지향하는 등 형태적, 이념적 등 여러 가지 측면에서 인간과 나무는 유사한 생물이다. 나무와 사람과의 관계를 보여주는 또 다른 그림을 살펴보자. 왼쪽 그림은 중국 풍자개(豊子愷)의 〈勞人無限意,

─────────

12　가스통 바슐라르, 앞의 책, S.51.

訴与老樹知(수많은 고난을 老木에게 이야기하다.)〉라는 1935년 작품이고, 오른쪽은 1910년 일본의 다케히사 유메지(竹久夢二)가 그린 〈無題〉라는 그림이다.[13] 두 그림 모두 사연이 너무 많아 벅찬 가슴을 들이대고 뼈아픈 고민을 나무에게 하소연하는 사람들의 모습을 담았다. 사람보다 나무가 더 친근하게 느껴질 때도 있는 것이다. 이렇듯 나무와 인간의 상징적 유대관계는 범세계적으로 나타난다. 헤세의 그림에서 나무가 의인화되거나 혹은 다른 존재와 상호 변환되는 예를 들어보자. 1927년에 그려진 〈파란 나비〉라는 제

---

13 니시마키 이사무 : 풍자개(1898–1975)의 서양미술 수용 및 중국 전통미술 재발견과 혁신에 대해, 美術史論壇, Vol .20, S. 405.

목의 그림이다. 그러나 그림 속에 나비는 존재하지 않는다. 중앙의 나무가 여러 갈래로 녹색 잎을 펼치고 서있다. 펼쳐진 잎과 구부러진 둥치는 "얼씨구나"하고 율동하며 춤을 추는 것 같다. 헤세는 이 나무를 춤추는 파란 나비로 본 모양이다. 이렇듯 헤세의 예술 세계에서는 고정되어있는 나무와 움직이는 나비 혹은 땅의 나무와 하늘의 나비도 상호 변신이 가능하다.[14] 헤세의 나무는 생각하고 춤추고 움직이는 생명체이다.[15] 이러한 사실들이 「픽토르의 변신」[16]에서는 물고기, 꽃, 사람, 나무 등이 서로 변신, 소통을 하며 잘 드러난다.

내가 그림을 그리면 나무들이 얼굴을 갖고 집들이 큰소리로 웃거나 춤을 추며 때로는 울기도 한다. 하지만 대부분의 사람들은 그 나무가 자작나무인지 밤나무인지조차 구별되지 않는다고 말한다. 그런 비난을 나는 받아들인다. 굳이 고백하자면, 내게는 나 자신의 삶도 동화처럼 여겨질 때가 아주 많다.[17]

---

14 홍순길 : 헤세와 니체 II, 헤세 연구, 14권, 2005, S. 97.

15 헤세는 나무를 하나의 성소라고 생각한다. 나무는 교의나 규율을 말하지 않고 개별적인 것을 넘어 삶의 근본적인 법칙을 들려준다. 나무는 인간보다 생각이 깊고 여유가 있으며 차분하다. 이화영 : 헤세의 그림 그리기, 헤세연구, 한국헤세학회, 12권, 2004. S. 98.

16 Hermann Hesse : Piktors verwandlungen, Insel Verlag, 2003.

17 Volker Michels : 화가 헤세, 박민수 역, 이레, 2005, S. 151.

〈파란 나비〉에서 왼쪽 나무와 오른 쪽 나무 또 앞의 언덕 모두 황금색이다. 이런 색깔로 자연을 그리고 나무를 팔랑거리는 나비로 만드는 것은 헤세 스스로 동화의 세계를 창조하고 그 속으로 들어가려하기 때문이다. 헤세의 예술 세계에서 나무의 생동성과 형태, 이미지와 구름의 형태, 의미, 역동성을 고려하면 두 존재의 상호 관계나 의사소통은 자연스러운 일이다.

〈1929년 11월 24일의 취리히〉(1929) : 조화로운 구름

〈1929년 11월 24일의 취리히〉라는 그림이다. 이것은 1929년 11월 24일의 헤르만 헤세의 심리 상태이기도 하다. 집. 언덕, 산,

나무 등이 단순화되어 간단하게 그려져 있다. 나선형 붓질들이 진하게 가해진, 우뚝 선 키 큰 나무는 헤세의 그 동안의 경험과 연륜이 쌓인 상징체이다. 〈가지 친 떡갈나무〉라는 시에서 헤세는 나무가 곧 자신이라고 토로했다.[18] 위 그림의 집에는 창문도 생략되고 다른 그림에 비해 아주 단순하게 그려져 있다. 다른 요소에 비해 집의 형상이 특히 단순화된 것은 인간사에는 전혀 신경을 안 쓰거나, 인간과 관계된 일에는 특별하게 복잡한 일이 없다는 의미일 수

18 같은 책, S. 77.

도 있다. 두둥실 떠가고 있는 구름은 산의 모양과 어울리게 그려져 있다. 구름에 헤세의 심상이 투영되었다면, 구체화되고 단순한 모양의 구름은 헤세의 소박하고 일관된 인생을 말해준다.

이 그림의 단순화된 전체 모습에서 가장 두드러진 것은 구름과 나무이다. '방랑 Wanderung'과 '안주 Seßhaftigkeit'[19]의 상반된 의미의 두 상징이지만 조화를 잘 이루고 있다. 어느 한 쪽을 그리워하거나 싫어하지도 않고 적절하게 어우러져 있는 것 같다. 구름-나무의 관계를 보여주는 또 하나의 그림을 보자. 풍자개는 〈人閑雲不閑 松辺自來去(사람은 한가해도 구름은 한가하지 않고 소나무 주위를 오고간다.)〉라는 작품을 그렸다.[20] 이 그림도 인간 의식의 투영체로서의 구름, 나무와 구름의 상호 소통 관계에 관한 것이다.

〈호수 너머의 교회〉(1931) : 순항하는 구름

1931년 〈호수 너머의 교회〉라는 그림이다. 세월의 파도 속에 훨씬 더 풍성하고 강해진 나무, 호수, 호수 위의 작은 배, 겹겹의

19　헤세의 삶에서나 작품에서 다뤄진 방랑과 안주의 모티브 속에는 헤세의 깊은 인생관 내지 철학이 내재되어 있다. 홍순길 : 헤세의 작품에 나타난 방랑과 안주의 모티브, 헤세연구, 9권 2003, S. 8.

20　조정래 : 풍자개의 예술창작과 그 미학사상 연구, 문화사학, 23권, 2005, S. 53.

산, 산 위를 줄지어 항해하듯 떠 있는 구름, 고즈넉한 분위기의 교회가 있다. 구름의 모양들이 산의 형태와 잘 어울리게 그려져 있고 가장 오른 쪽의 구름은 밑쪽의 아주 짧은 선으로 만족스런 웃음을 짓고 있는 것 같기도 하다. 땅, 바다, 하늘 모든 곳이 평화로운 상태에서 구름은 유유히 한가롭게 즐겁게 떠다니는 모습을 보여준다. 구름을 순항하는 배나 헤엄치는 물고기에 비유하는 정경이 다음 글에 실려 있다.

구름 배들은 세찬 바람이 부는데도 꼼짝하지 않는 것 같았고 출항을 결정하지 못한 채 산등성이 가까이에 정박하고 있었다. 그리고 자신의 차가운 색깔에 붉은 색과 적갈색을 조금 섞어가면서 바람에 얼굴을 맞대고 있었다. 하지만 자세히 보면 구름들의 모습은 시시각각으로 미세하게 변하고 있었다. 견고하고 굼뜬 모습으로 거의 움직이지 않는 것 같았지만 사실은 내부로부터 끊임없이 탈바꿈하고 있었다. 짐짓 점잖을 빼면서 실은 하루 일과를 마감하는 장난을 치고 있던 것 같다. (…) 그 사이에 기다란 구름 하나가(이것 역시 금속으로 만들어진 듯 움직이지 않는 것 같았지만) 다른 구름 위로 헤엄쳐 올라가 초록빛 하늘에서 홀로 장밋빛을 띠다가는 갑자기 밝은 주홍빛으로 타올랐다. 그와 동시에 이 구름들은 매혹적인 물고기의 형상이 되었다. 배에 조그만 갈색 지느러미가 있는 반짝이는 거대한 금붕어는 만족스레 미소를 지으며 죽음을 향해 헤엄쳐 갔다.[21]

이 그림의 구름도 단순한 자연 배경이 아니라 헤세의 동화적 상상력 속에서 기능과 역할을 하고 있는 자유로운 영혼이다.

1927년의 그림 속에는 단 하나의 나무만이 존재한다. 실제 헤세가 살았던 스위스 풍경에서는 있을 수 없는 일이다. 모든 풍경에 단 하나의 나무만이 존재하는 경우는 거의 없기 때문이다. 따라서 그 나무는 헤세 자아가 투영된 것이라고 볼 수 있다. 앞의 세 그

---

21 Volker Michels, 앞의 책, S. 40.

림에는 구름도 단 하나만이 존재한다. 그림 전체 구도 속의 이미지를 고려할 때 한 나무는 분명하고 중요한 역할을 한다. 구름도 그냥 떠다니거나 존재하는 자연물이 아니라 작가의 심상이 응집되고 구체화된 상징물이다. 1927년의 구름 하나와 한 그루 나무는 헤세 내면이 상이한 두 가지 형태로 드러난 것이다. 구름으로 나타나는 마음의 특정 국면, 나무에 내포된 무의식의 어떤 측면 등이 오묘한 관계 속에서 균형을 이루며 드러난 것이다. 1927년의 구름은 앞에서 뒤로 갈수록 무거움에서 가벼움, 정적에서 동적, 생기가 없는 상태에서 생기가 있는 상태로 변하고, 별 관계없던 나무와 관계를 맺고 소통을 시작하는 것을 보여준다. 구름과 나무의 관계를 도식화하면 다음과 같다.

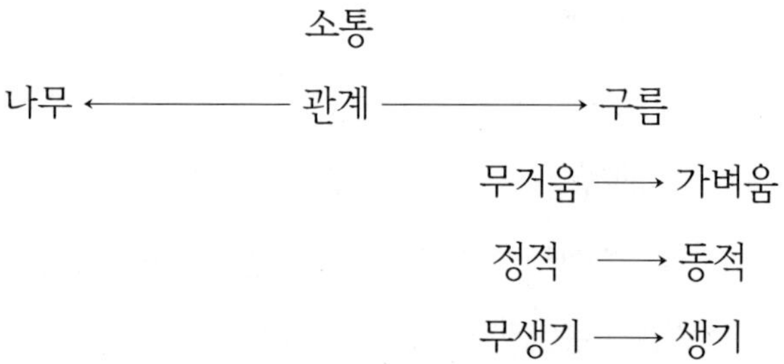

소통

나무 ←————— 관계 —————→ 구름

무거움 ——→ 가벼움

정적 ——→ 동적

무생기 ——→ 생기

1932-59년의 그림 : 구름의 조화 : 구름, 나무, 집

〈보드머 별장〉(1932) : 웃음 짓는 구름

1932년에 그려진 〈보드머 별장〉이라는 작품이다.[22] 불규칙한 형태의 창문들, 기울어진 것 같은 집 모양. 굴뚝, 각각 자기의 동그란 얼굴을 내밀고 있는 꽃들, 모두 각자의 말을 하는 것 같다. 집의 형태가 똑 바르지 않아 약간 틀어진 것 같고, 각이 안 맞는 것 같은 구도가 집을 더 다이내믹하게 만든다. 그 모습이 무엇인가를 말하려고 부스럭거리고 움직이는 것 같은 느낌을 준다. 앞의 나무들도 움직이려는 듯 율동성이 강하게 느껴지고, 꽃도 저마다 색깔과 형태로 방실방실 웃듯이 각자 얼굴을 들고 있다. 집이 크게 그려져 그림의 중심 역할을 하고 있다. 굴뚝은 집과 하늘의 통로처럼, 집의 팔처럼 뻗어 있고, 구름은 다가와서 이야기 하듯이 굴뚝 위를 감싸고 있다. 구름 속의 둥근 선이 눈과 입처럼 보이고, 마치 빙그레 웃는 것 같은 느낌을 준다. 구름은 성자들 머리 위의 원상처럼 보여 질 수도 있다. 여기서 구름은 집과의 직접적인 교감, 소통, 대화를 하는 것 같다. 전체적인 구도 속에서 창문들도 각자 제 이야기를 하고, 집이 꿈틀거리고, 오른 쪽의 언덕도 옆으로 누워 나름

---

22 1931년 한스 보드머가 황금 언덕에 집을 지어 헤세로 하여금 평생토록 살게 하였다.

대로 생각이 있는 것 같다. 이 그림에는 모든 것이 조화롭게 어우러져 강한 생동감을 느끼게 해준다. 이 모든 것을 관망하고 총괄하는 것이 구름이다.

〈2월 아침 루가노 호수〉(1933) : 무아일여의 구름

1933년 2월 6일의 〈2월 아침의 루가노 호수〉라는 그림이다. 산, 호수, 땅 모든 게 얼어붙어 지독하게 추운 겨울날, 구름도 추위에 몸을 움츠린 듯 조금씩 점 같은 꼬리를 남기며 여운으로만 존재한다. 산, 호수, 언덕, 하늘, 구름, 나무 등에 인간적인 희로애락의 정서가 거의 안보이고 혼연일체이다. 이 그림에 뚜렷한 구름이

없다고 해서 헤세의 대변인이 없어진 것이 아니다. 이제는 더 이상 "나는 나다."라고 주장할 필요도 없고, '나'라는 존재가 없어져도 슬프다거나 불행하다고 생각하지 않는 자연과 합일된 상태, 즉 무아일여(無我一如)의 경지에 까지 다다른 것이다. 헤세의 다음 글에 유사한 정황이 서술되어 있다.

공 모양 구름은 점점 더 가늘어지는 실 모양으로 흐트러지다가 마침내 사라져버렸다. 나는 지금까지 그처럼 재기 넘치는 자살을 본 적이 없다. 이 금붕어란 놈은 해파리처럼 납작해져서는 자신의 영혼을 뱉어버린다. 자신의 힘에 의해 자신의 실체를 입 밖으로, 아가리로, 구멍으로 뱉어버리고 스스로를 무의 세계로 보내는 것이다.

내가 아직 저 아래 세상에 살면서 세상과 나 자신을 진지하게 생각했을 때, 나는 많은 것을 체험했고 이해하기 어려운 것, 견뎌내기 어려운 것도 많이 보았다. 개중에는 전쟁도 있었다. 하지만 저렇게 어이없는 태도, 저렇게 어린애 장난 같은 태도는 그 어떤 사람이나 민족 또는 의회에서도 보지 못했다.

내가 한 때 저 바깥세상에서 진지한 마음을 갖고서 본 것들이 적지 않은데도. 금붕어는 떠나갔고 오늘의 내 기쁨은 사라졌다. 방안에서 멋진 책이 나를 기다리긴 하지만 한 시간쯤 더 나의 금붕어와 헤엄칠 수 있었더라면 훨씬 더 좋았을 것을.[23]

이 글에서 구름은 스스로 해체되어 무의 세계로 가면서도 명랑하게 사라졌다. 그러한 광경을 보며 헤세는 영적인 동질감을 느꼈다.

〈테신의 마을 풍경〉(1942) : 허허로운 구름

1942년도 〈테신의 마을 풍경〉이라는 그림이다. 나무 그림자가 늘어지듯이, 산도 죽 늘어져 있고, 구름도 산을 따라 길게 뻗어

---

23 같은 책, S. 41.

있다. 구름은 마치 산을 소파나 쿠션으로 삼고 팔베개를 하고 기다랗게 누워 둥둥 떠가는 것처럼 그려져 있다. 두 그루 나무 중 상대적으로 왼쪽 것은 남성적, 오른 쪽 것은 여성적인데 땅으로 그림자 같은 잔영이 길게 뻗쳐져 있다. 나무 둥치에 짙은 색이 칠해져 있고, 나무 잎사귀들 부분에 나선형의 붓질이 되어 있다. 산과 구름은 단순하고 깔끔하게 그려져 있는데, 나무에만 복잡한 선들이 많이 그려져 있다. 이러한 특성들을 고려하고 이 두 나무를 부부로 보면, 그 당시 인간관계 특히 부부관계에 약간의 갈등 내지는 심적 고민이 있지 않았을까?[24] 이 두 나무의 특성을 알기위해 1933년에 그려진 〈성 금요일〉이라는 제목의 그림과 비교해보자. 이 그림에는 나무 윗부분이 동그란 형태의 두 나무가 있다. 나무 사이의 거리도 위의 그림보다 훨씬 더 가까워 겹쳐 보인다. '성 금요일'이라는 종교적인 경건함도 있지만 이 두 나무가 앞의 두 나무에 비하여 형태, 거리, 분위기 등에서 훨씬 더 정답고 다정해 보이는 것이 사실이다.[25] 동양 철학에 심취했던 헤세가 풍경을 그대로 그리는 것이 아니라 동양화처럼 내면화 시키며 그렸을 것이다. 실제로 헤세

24 나무 그림 분석에서 두 나무의 형태, 거리 등은 두 사람 사이의 관계의 성격, 친밀 정도를 나타낸다. 신민섭 : 그림을 통한 아동의 진단과 이해, 학지사, 2004, S. 114.

25 1904년 첫 번째 결혼과 1923년 이혼, 1924년 두 번째 결혼과 1927년 이혼, 1931년 헤세는 니논 돌빈과 결혼하여 행복한 생활을 영위함.

의 많은 그림들이 대상의 실제 모습과 상관없이 작가의 심상에 따라 그려졌다. 테신의 나무들의 모양이 뾰족하고 날카로운 모습에서 갑자기 둥글고 정다운 모습으로 바뀐 것이 아니고 혹은 전혀 다른 종류의 나무를 그린 것이 아니다. 그것을 바라보는 헤세의 마음이 바뀐 것이다. 앞의 두 나무는 결혼 12년째, 뒤의 두 나무는 결혼 3년째에 그려진 것이다.

〈테신의 마을 풍경〉에서는 잔디 위에도 불규칙한 짧은 곡선들이 듬성듬성 그려져 있다. 다른 그림에서는 없던 요소들이다. 그러나 구름은 한없이 느긋하고 여유롭게 늘어져 있다. 헤세의 다음 글에서 유사한 상황이 연출된다.

어제 저녁이었다. 비가 그치고 처음으로 맑게 젖은 아름답던 날,
구름 낀 하늘의 모습은 정말 장관이었다. 하늘 위 벤치에 잠시 길게 누
웠던 구름들은 방석으로 내려앉더니 신선한 바람에 밀려 천천히 안으로
휘감기며 돌다가 점차 조용히 몸을 꼬는 커다란 기둥이 되었다.[26]

이 그림에서 구름은 인간 세상사 정도는 상관도 안하고 신선
처럼 떠다니는 마음 상태를 보여주는 것 같다.

---

26 Volker Michels, 앞의 책, S. 38.

〈여름편지〉(1959) : 무위자연의 구름

1959년의 〈여름 편지〉라는 제목의 그림이다. 그러나 그림을 관찰해도 무엇 때문에 제목이 〈여름 편지〉인지 알 수가 없다. 집, 구름, 나무가 자신 있고 확실한 터치로 간략하게 그려져 있다. 왼쪽 나무줄기 전체가 파인애플 같은 모양으로 되어있다. 집 주위의 나무나 풀들은 단순하게 처리되어 있다. 이 그림에서 특이한 것은 집 위 구름의 모양이다. 구름 내부의 곡선이 마치 눈과 입처럼 보인다. 그 구름이 집 위에 있기에 마치 집을 내려다보고 이야기 하는 것 같다. 그것이 여름 소식이다. 이 그림에서 드디어 구름이 눈

과 입 등을 제대로 드러내고, 본격적으로 의인화되어 다른 존재들과 소통을 한다. 여름 편지는 구름 자체이다. 풍자개의 〈風雲變幻〉에서도 구름이 구체적인 사람의 형상으로 나타난다. 풍자개의 예술 세계에서도 우주 만물은 서로 소통하고 상호변신이 가능하다.

〈여름 편지〉에서 구름이 집에게 말을 하니 나무도 귀를 기울이듯 오른 쪽으로 살짝 기울어져 있다. 집은 그냥 듣기만 한다. 차례가 되면 집도 입을 열 것이다. 〈여름 편지〉에서는 집, 구름, 나무가 완벽하게 조화되어 있다. 이제는 더 이상 방황할 필요가 없고

집에 가만히 앉아서 구름을 불러오고, 나무와도 교신을 시킬 수 있게 된 것이다. 방랑과 안주의 욕구가 적절히 조화되어, 어떤 상황에서도 다른 것을 그리워하거나 부족감을 느끼지 않고 마음 그윽하게 충만함을 느끼는 상태가 된 것이다.

저녁에 작은 발코니에 앉아 있을 때면 언제나 나는 구름과 하나가 된다. 높은 곳에 있는 내 둥지에서는 구름 한가운데를 볼 수 있기 때문이다. 비가 오거나 사나운 폭풍이 몰아치는 날에는 구름이 집 안까지 들어오며 흰 색과 회색 구름 조각들이 발코니 난간에 매달리고 내 발치까지 기어온다. 그리고 바깥에서는 구름들이 서로 엉키면서 위 아래로 움직인다. 번개가 칠 때마다 깜짝 놀라 반짝이는 구름들은 깊은 녹색 골짜기와 차갑고 어두운 호수로 내려가기도 하고 창백한 하늘 위로 빨려 올라가기도 한다. 그러나 날씨가 좋아서 호수가 파랗게 빛나고 저녁 무렵

보랏빛 그림자가 드리워질 때면, 그리고 먼 마을의 유리창들이 황금빛
으로 불타고 산들의 서쪽 능선이 투명한 장밋빛 보석처럼 빛날 때면, 구
름도 기분이 좋아서 다채로운 색깔을 띠고 몇 시간이든 마음껏 떠돌며
어린아이처럼 놀이를 즐긴다.[27]

　뭉쳤다가 흐트러지고 다시 모이면서도 전혀 거리낌이 없는 구
름의 상태! 이것이 헤세가 꿈꾸는 세계이다. 어떤 것에도 걸리지
않고, 방해받지 않으며, 하는 언행 모두가 순리에 어긋나지 않는
지극히 자연스러운 상태, 無爲自然의 상태가 된 것이다.
　구름, 인간, 나무, 집의 상관관계는 한국 작가 김원숙의 그림
에서도 나타난다.[28] 그림의 내용과 이미지는 헤세의 그림과 다르지
만 4가지 요소의 연관 관계와 상호 작용이라는 측면에서 참고로
한다. 이것은 2004년도에 그린 〈두 번째 구름〉이라는 제목의 그
림이다. 여기에서도 구름과 나무의 긴밀한 관계, 구름의 의인화가
존재한다. 구름의 둥근 모양처럼 나무도 비슷한 형태를 취하고 있
다. 남녀가 만나는 지점의 감정의 폭발, 정열, 뜨거운 기운을 상징
하듯이 나무의 둥근 윗부분에도 나뭇잎이 무성하다. 구름의 형태

27　같은 책, S. 36.
28　이주헌 : 생각하는 그림을 오늘, 예담출판사, 2005, S. 76.

와 의미에 나무도 같이 호응을 하는 것이다. 집은 불이 켜진 체 상황을 주시하며 지켜보고 있다. 여기서도 구름은 집 위에 있고 감싸고 있다. 구름, 나무, 집의 세 요소의 형태, 의미, 상징 등 여러 가지 면에서 헤세의 그림과 비교될 수 있다.

헤세, 풀로꽁, 풍자개, 김원숙의 구름들은 각각 작가의 철학, 의지, 사상, 상념, 인생관 등을 품은 체, 그 당시의 상황에 따라 공간 속을 부유, 순항하며 살고 있다. 세 작가의 국적, 살았던 시대, 세계관 등이 달랐음에도 불구하고 나무, 구름, 집에 대한 관념이나 상호관계의 측면에서 여러 유사한 점이 존재한다.

그림과 구름의 변화과정

여기까지 구름의 변화 과정을 살펴보았다. 1922년 – 24년의 그림들에서 흐트러져 있던 구름들이 차츰 자기 색깔을 드러내고, 1927년의 그림들에서는 구름의 모습이 구체화되면서 단 한 그루의 나무와 커뮤니케이션을 시작했다면, 1932년의 그림에서는 구름, 나무에 집이 가세하여 보다 폭넓은 의미와 영역에서 소통 및 조화 관계가 형성된다. 1919년 스위스에 정착한 이후 헤세는 아름다운 자연을 그리며 안정을 찾아갔다. 그림 그리기로 빠른 시간 안에 행복한 생활을 영위하는 것 같았던 헤세의 내면에 어떤 문제가 남아 있었는지는 모른다. 그러나 분명한 사실은 헤세의 그림 속 구름의 모양이 변하고, 나무가 등장하여 구체적인 관계를 맺고, 최종적으로는 집이 등장하여 세 주인공이 보다 역동적인 모습으로 조화를 이룬다는 것이다.

구름, 집, 나무가 헤세 내면의 어떤 부분을 표현하는 것인지 알 수는 없지만, 헤세 내면의 특정 양상을 나타내는 중요한 요소들이다. 평화로운 산 속에 살며 겉으로는 항상 행복해 보이는 사람의 심층 무의식에는 타인이 모르는 어떤 계속적인 변화가 있었던 것이다.

헤세 그림의 다른 요소들에 비하여 구름의 변화 양상은 훨씬 두드러지게 나타난다는 것이 드러났다. 구름의 형성, 구름의 활동, 구름의 조화로 이어지는 구름에 관한 분석만으로도 헤세의 심상의 변화, 정체성, 주체성의 확립, 심적 안정의 구축 등이 잘 드러났다. 인간적인 흔적이 거의 없는 헤세의 그림에서 구름만으로도 심적 정서에 대한 분석이 가능한 것은, 헤세가 구름을 사랑하고 그 그림에 자신의 내면을 투영시켰기 때문이다.

논문 전반부 그림 속의 구름들은 흐트러지고, 산만하고, 어둡고, 정적이고, 무거운 분위기의 이미지인데 후반으로 갈수록 점점 더 개성이 뚜렷해지고 구체화되고, 밝아지고 동적으로 경쾌해진다. 또 산, 나무, 집 등의 주변 사물과 적극적이고 구체적으로 교감하는 상태로 나온다. 방랑과 움직임의 상징인 구름이 제 모습을 찾아가고 더 홀가분해질수록, 구름의 상대자로 안주와 정착의 상징인 나무가 등장하여 구름과 소통한다. 나무가 없는 상황에서는 구름도 어두운 분위기였다. 나무가 정적이고 무관심한 상태에서 점점 동적으로 명랑하게 활기를 띨수록 구름과의 소통 장면도 구체적으로 나온다. 나무와 구름의 대화가 익어갈 즈음 집이 최종적으로 등장하여 환상적인 트리오가 형성된다. 집, 구름, 나무가 어울려서 완벽한 조화를 이루며 내면적 평정의 모습을 보여준다.

구름

산란, 무거움 ──────────────▶ 구체화, 가벼움

정적, 어두움   동적, 명랑, 의인화

나무

단절 ──────────────▶ 소통

단지 존재하는 나무   구체적인 한 나무

                                   의인화

집

무관심   조화

단절 ——————————→ 소통

의인화

이를 총괄적으로 도표화하면 다음과 같다.

나무 ←—— 소통 ——→ **구름** ←—— 소통 ——→ **집**

개성화   무생물 ——→ 의인화   개성화

의인화   개별존재 ——→ 주변물 총괄   의인화

색깔 면에서는 앞에서는 어둡고, 무겁고, 정적이다가 뒤로 갈수록 밝아지고, 가볍고, 동적이고 명랑해진다. 1924년의 〈이탈리아를 바라보며〉와 1927년의 그림 사이에는 엄청난 차이가 존재한다. 초기에는 심리학적으로 문제가 있는 보라색 계통의 색이 많이 나타나다 차츰차츰 사라진다. 그림 그리기는 헤세에게 엄청난 효과를 가져다 준 심리 치료였다. 따라서 그림을 그리기 이전의 헤세의 심적 갈등 흔적이 잔존하는 앞의 구름들은 뒤의 구름들과 여러 가지 차이를 보인다. 뒤로 갈수록 무생물에서 생물로 변하는 경

우도 점점 많아져 창문, 굴뚝, 언덕까지 살아 움직이고 이야기하는
것 같다. 즉 생활이 안정되고 마음이 더 평안해질수록 그림 속의
모든 사물이 생기 있게 되고 총체적으로 활발하게 그려진다. 나무,
집, 구름으로 상징되는 안주와 방랑의 욕구가 잘 조정되고 조화되
어 내면적인 균형이 이루어지고 급기야는 이 모든 것도 다 초월된
자유자재의 상태가 된다. 헤세의 심적 내면적 여정과 경로는 마치
불교 참선 과정처럼 쌓임, 뒤엉킴, 무거움, 버림, 풀림, 가벼워짐,
해탈의 상태로 전개된다.

앞의 구름	뒤의 구름
어두움	밝음
정적	동적
단절	소통
무개성	개성
분산	구체화
무거움	가벼움
쌓임	버림
무생기	생기

구름, 나무, 집 등이 헤세 무의식의 어떤 부분과 연관되어있고 어떤 심층 작용을 하는지 구체적으로 지적할 수는 없다. 그러나 분명한 것은 세월의 흐름에 따라서 그 변화 정도가 잘 나타나고 작가의 특정 심리 작용을 반영한다는 사실이다. 특히 구름의 점진적이고 일관성 있는 변화는 헤세 자신의 내면 풍경의 변화이고, 인생관, 세계관의 변화이다.

헤세가 평생 동안 경탄해마지 않았던 구름을 분석하는 것은 대단히 의미 있는 일이다. 그러나 글 속의 구름에 비하여 그림 속의 구름에 대한 연구는 두 장르의 긴밀성에도 불구하고 거의 없었다. 그의 그림들 속에는 사건, 사람도 없고, 거의 항상 똑 같은 몇 가지 요소들만 등장하기에 그것들을 분석하고 일관된 규칙을 발견하기란 매우 어려운 일이다. 선, 형태, 색깔, 구도 등에 대한 의견과 생각이 워낙 다양하고, 단어처럼 구체적인 최소 의미 단위가 없기에, 글보다 훨씬 분석하기 힘든 것이 그림이다. 그림에 대한 분석 방법론이 있지만 그림의 예술적, 미학적 측면까지 고려되고 탐구되기가 쉽지 않다.

헤세 그림의 분석이 어려움에도 불구하고 연구가 가능한 것은, 그림 하나만 관찰하면 돋보이는 특성이나 요소가 별로 없어도, 여러 그림을 년도별, 주제별로 연구하면 그 변화 추세, 특징 등이 나타나기 때문이다. 구름 그림들을 년도별로 비교 분석을 하니, 그림 하나만으로는 알 수 없는 여러 사실들이 도출되었다. 이상으로 헤세의 구름에 대한 분석을 했고 그림의 후속 연구에 대한 언급을 하고자 한다.

많은 사람들이 헤세 그림의 중요성을 인식하고 있지만, 그 그림의 특성 때문에 어떤 방법으로 어떻게 접근해야할지 감도 잡히지 않은 것이 지금까지의 현실이었다. 그러나 이 글에서와 같은 방법론으로 어느 정도의 분석이 가능하다는 사실을 알게 되었다. 따라서 미술비평이론, 시각기호학, 영상기호학, 예술심리학 등 여러 가지 방법론을 문학 연구에 적용하며 다각도에서 시도를 하면 좋은 결과를 창출할 것이다.

문학과 미술의 긴밀한 관계에도 불구하고 연계연구가 많지 않다. 괴테, 귄터 그라스, 카프카, 헤세 등 그림을 그린 작가들이 존재하고 그들의 글과 그림 모두를 이용하면 문학 연구가 훨씬 다양화되고 풍성해질 것이다. 그림 분석의 난해함에도 불구하고 소설가들이 그린 그림을 분석할 때의 이점은 글과 그림을 다 이용할 수 있다는 것이다. 그림을 설명하며, 유사하거나 똑같은 정황의 글을 참고로 하고, 글을 분석하며 그림을 보여줄 수 있다는 점이다. 여러 가지 방법과 아이디어를 통하여 작가들의 그림 분석이 보다 용

이해지면 문학 및 인간 내면에 관한 연구가 훨씬 심화될 것이다.

참고문헌

가스통 바슐라르: 풍경, 열화당, 이가림 역, 1983.

고위공: 문학과 미술의 만남, 미술문화, 2004.

니시마키 이사무: 풍자개(1898-1975)의 서양미술 수용 및 중국 전통미술 재발견과 혁신에 대해, 美術史論壇, Vol.20, 박소현역, 한국미술연구소. 2005.

로지 디킨스. 마리 그리피스: 미술과의 첫 만남, 황신원역, 예경, 2005.

신민섭: 그림을 통한 아동의 진단과 이해, 학지사, 2004.

이가림: 미술과 문학의 만남, 월간미술, 2002.

이주헌: 서양화 자신있게 보기 2, 학고재, 2004,

이주헌: 생각하는 그림을 오늘, 예담출판사, 2005.

이화영: 헤세의 그림 그리기, 헤세연구, 한국 헤세 학회, 12권, 2004.

조이한. 진중권: 천천히 그림 읽기, 웅진 지식하우스. 2007.

조정래: 풍자개의 예술창작과 그 미학사상 연구, 문화사학, 23권, 2005.

헤르만 헤세: 헤르만 헤세, 박물관 건립 위원회, 예감 기획 출판,

2000.

홍순길: 테신에서의 헤세의 삶과 미술, 헤세 연구, 한국 헤세 학회, 4권, 2000.

홍순길: 헤세의 작품에 나타난 방랑과 안주의 모티브, 한국 헤세학회, 9권, 2003.

홍순길: 헤세와 니체 II, 헤세 연구, 한국 헤세 학회, 14권, 2005,

홍순길: 헤세와 미술, http://hesse-library,mokwon,ac.kr/archiv/hessart.html

나무그림 분석: http://cafe daum.net/counsellcafe

Michels, Volker: 화가 헤세, 박민수 역, 이레, 2005.

Hesse, Hermann: Piktors verwandlungen, Insel Verlag, 2003.

豊子愷古詩新畫 : 豊子愷, 上海古籍出版社, 2002.

Zusammenfassung

Die Wolkenfiguren im Malen Hermann Hesses

Jang, Sung-Wook (Dong-Eui Uni)

Für Hesse war das Malen eine Art von Ausruhen, eine Befreiung von der verfluchten Willenswelt und ein Mittel, um Distanz von der Literatur zu gewinnen. Von daher versucht diese Untersuchung mit Fokussierung auf der Wolkenmalerei von Hermann Hesse die Bedeutung dieser Thematik ausfindig zu machen, indem sie Hesses Denkweg im Kontext seiner Naturphänomenologie und vor dem Hintergrund seiner psychologischen Ausrichtung darstellt. Wie beinahe keine bisherigen Interpretationen bringt diese Untersuchung die sozusagen 'Wolkenästhetik' als einen potentialen Leitfaden in der Hesses Mentalität ein, wodurch neue Erkenntnis- und Verstehensleistungen erbracht werden können.

In dieser Untersuchung sollte es sich also um eine reihe von Wolkenfiguren handeln, die sich insbesondere von 1922 bis 1959 in Hesses Malereien gestaltet wurden.

Was ihre Tendenz angeht, zeigt sich der phasenweiser

Stimmungswandel sehr deutlich. Während die Wolkenfiguren des Anfangsstadiums durchaus die 'zerstreuten', 'unsystematischen', 'niedergeschlagenen' Stimmungen charakterisieren, konstituieren sich die späteren etwas hellere, heitere, harmonischere Atmosphäre.

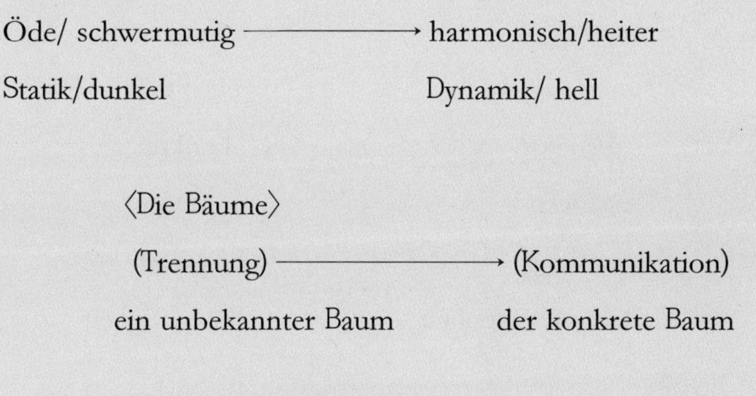

Dieser Stimmungswandel läßt sich auch in der Farbe erheblich demonstrieren. Beispielsweise besteht ein großer

Unterschied zwischen 1924('das Anschauende Italiens') und 1927.

⟨Frühere Zeichnungen⟩   ⟨Spätere Zeichnungen⟩

Frühere Zeichnungen	Spätere Zeichnungen
Dunkelheit	Helligkeit
Statik	Dynamik
Trennung	Kommunikation
uneigentlich	eigentlich
abstrakt	konkret
schwer	leicht
Sammlung	Wegwerfen
Niedergeschlagenheit	Lebhaftigkeit

 부록 1

부록 2

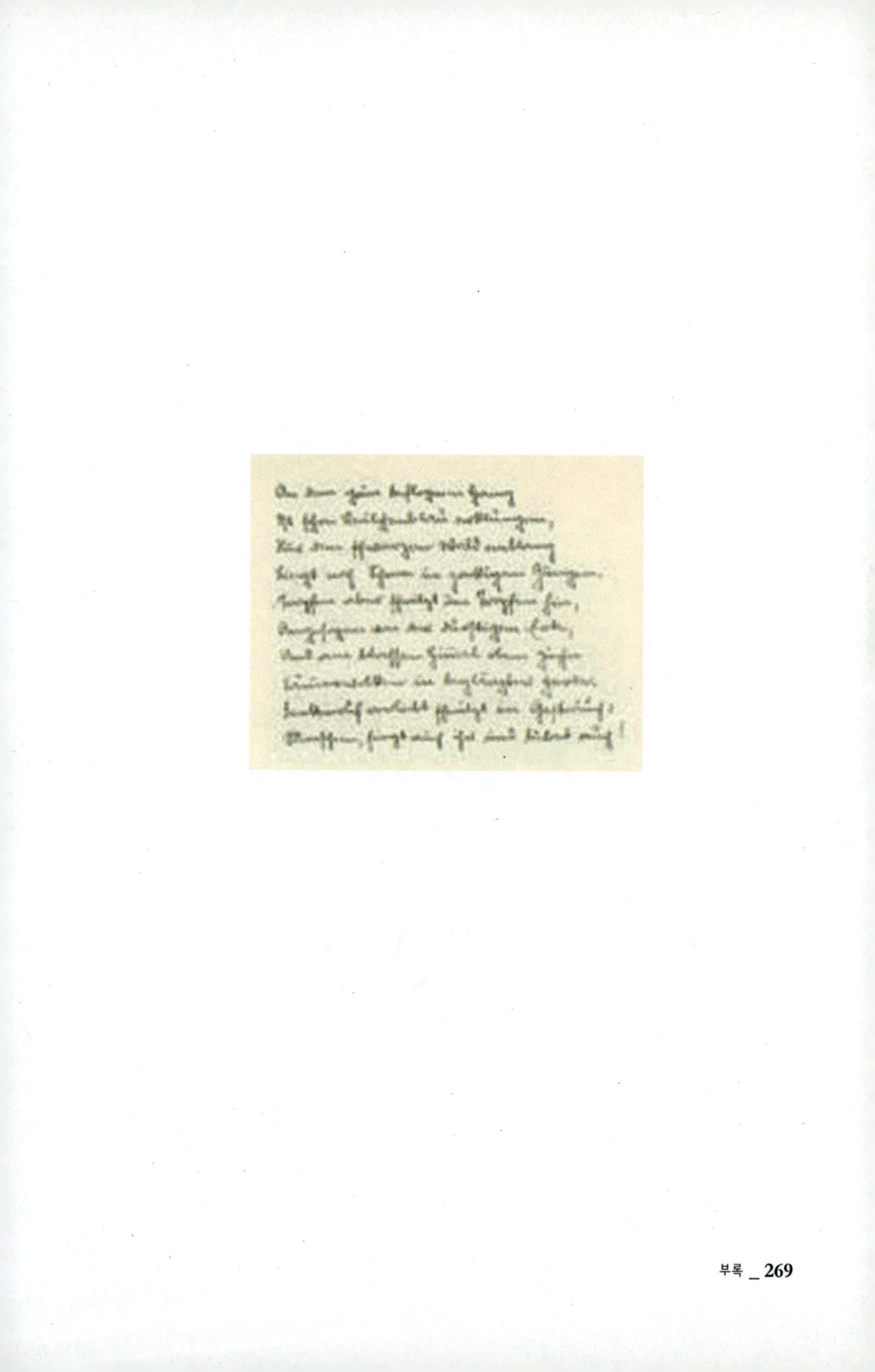

Vergänglichkeit

Vom Baume des Lebens fällt
Mir Blatt um Blatt.
O taumelbunte Welt
Wie machst du satt,
Wie machst du satt und müd,
Wie machst du trunken!
Was heut noch glüht
Ist bald versunken.
Bald klirrt der Wind
Über mein braunes Grab,
Über das kleine Kind
Beugt sich die Mutter herab.
Ihre Augen will ich wiedersehn,
Ihr Blick ist mein Stern,

부록 5